Dirk Schütz

ZU HART AM WIND

Warum die Credit Suisse untergehen musste

BILANZ

Impressum

Ein Buch der «Bilanz», erschienen in der
Beobachter-Edition, Ringier Axel Springer Schweiz AG

Beobachter-Edition
2. Auflage, 2023
© 2023 Ringier Axel Springer Schweiz AG, Zürich
Alle Rechte vorbehalten

Umschlaggestaltung: Wernie Baumeler
Gestaltung und Satz: Wernie Baumeler, Christina Elvedi
Druck und Bindung: CPI books GmbH, Ulm
Foto des Autors: Paul Seewer / RASCH
Fotoredaktion: Cara Anne Specker

ISBN 978-3-03875-508-1

Inhalt

1.	Tiefer Schnitt	5
2.	Zwei Gambler	11
3.	Wettbüro	21
4.	One Bank	33
5.	Verpasste Zeitenwende	43
6.	Alles neu	55
7.	Toxischer Cocktail	63
8.	Skurriles Ende	73
9.	Kontrollversagen	85
10.	Schnelles Aus	95
11.	Plötzlich Präsident	101
12.	Schlafwandler	109
13.	Schönredner	121
14.	Brian	133
15.	Elf Forderungen	141
16.	Zu viel ist zu viel	151
17.	Goodbye	161

Dank	167
Personenverzeichnis	168
Bildverzeichnis	170

1. Tiefer Schnitt

Die Frage, wann genau die traditionsreiche Schweizer Grossbank den entscheidenden Schritt in Richtung Abgrund gemacht hatte, sollte noch viele Wochen nach der Katastrophe die Diskussionen in der Bankenstadt Zürich beherrschen. War es das schnöde Nein der staatlichen Behörden zu einer Rettung in den Wochen vor dem Aus? War es die Neubesetzung an der Spitze der Bank Monate vor dem Desaster mit einem krisenunerprobten Führungsduo? Oder lag der Anfang der verhängnisvollen Entwicklung viel länger zurück: im fernen Jahr 1978, als die Bank den im Nachhinein fatalen Einstieg ins Investmentbanking beschloss? Oder war es von all dem etwas - und noch viel mehr?

Am häufigsten war die These vom «Death by a thousand cuts» in den Bars und Sitzungszimmern rund um den Paradeplatz im Herzen der Stadt zu vernehmen - eine Hinrichtungsform aus der chinesischen Kaiserzeit zur Herbeiführung eines langsamen Todes. Viele harte Schnitte hatte die altehrwürdige Credit Suisse in den letzten Jahrzehnten in der Tat erleiden müssen.

Das Bedürfnis nach Aufklärung ging sogar so weit, dass die beiden Parlamentskammern der kleinen Alpenrepublik eine eigenständige Untersuchungskommission einrichteten, die den Ursachen des Desasters auf den Grund gehen sollte. Selbst nach der Staatsrettung der UBS, der Nummer eins des Finanzplatzes, hatten die 246 Abgeordneten diese schärfste Waffe ihres Instrumentenkastens 15 Jahre zuvor nicht anwenden wollen. Jetzt legten die 14 auserwählten Parlamentarier Ende Juni los. Die Ratlosigkeit war gross.

Doch im Inneren der Desaster-Bank war die Frage weniger umstritten. Das genaue Datum des entscheidenden Schritts zum Untergang konnte zwar niemand mehr nennen. Aber die groben Schätzungen stimmten bei erstaunlich vielen Verantwortungsträgern überein: Es war die zweite Hälfte des Jahres 2015.

Es sollte ein Herbst der Weichenstellungen werden. In den USA hatte sich ein gewisser Donald Trump gerade in Umfragen an die Spitze des republikanischen Bewerberfelds für die Präsidentenwahl gesetzt. In Grossbritannien lief die Kampagne zum Brexit-Referendum an. Russen-Zar Putin empfing im Kreml noch sehr vital den syrischen Geistesbruder Baschar al-Assad und betonte die Rolles seines Landes als «Weltmacht». Der Bürgerkrieg in dem Mittelmeerstaat hatte so viele Flüchtlinge ausser Landes getrieben, dass die Pfarrerstochter Angela Merkel an der Spitze der deutschen Regierung eine Million Flüchtlinge ins Land gelassen hatte. «Wir schaffen das», lautete ihr ikonischer Satz. Die rechten Parteien bekamen überall in Europa Auftrieb.

Auch in der Schweiz hatte die rechtsbürgerliche SVP bei den Wahlen vom 18. Oktober deutlich zugelegt. Drei Tage nach dem Votum liefen die Debatten heiss über eine mögliche Abwahl der Finanzministerin Eveline Widmer-Schlumpf bei der Bundesratswahl im Dezember. Am Rande der Stadt hatte die Fussball-Weltmacht Fifa in ihrem Prunkbau gerade verkündet, dass sich ihre Leitung erstmals ohne den Langzeit-Präsidenten Sepp Blatter getroffen habe. Er war von der hauseigenen Ethikkommission für 90 Tage gesperrt worden. Der Hochnebel lag wie so oft in dieser Jahreszeit über Zürich und gestattete nicht mehr als zehn Grad Temperatur.

Und im «Forum St. Peter» im Herzen Zürichs, dem traditionellen Presseraum der Grossbank, angrenzend an den Hauptsitz der altehrwürdigen Bank, stellte der neue Chef seine neue Strategie vor. Es war Mittwoch, der 21. Oktober 2015.

Der 53-jährige Tidjane Thiam war eine ungewöhnliche Wahl als Lenker der zweitgrössten Schweizer Bank. Er stammte aus einer

Patrizierfamilie der Elfenbeinküste, seine Mutter war eine Nichte des ersten Staatspräsidenten Félix Houphouët-Boigny, und in seinen jungen Jahren war er zwischen dem westafrikanischen Staat und dessen einstiger Kolonialmacht Frankreich gependelt.

Eine beeindruckende Karriere: École polytechnique in Paris, jahrgangsbester Abschluss an der Eliteschmiede Mines Paris Tech, MBA am Insead, Regierungsmitglied in seinem Heimatland als Minister für Planung und Entwicklung mit 36 Jahren. Nach einem Militärputsch arbeitete er sechs Jahre als Unternehmensberater bei McKinsey in Paris. Und dann 2009 die Krönung: CEO des britischen Versicherers Prudential. Dort hatte er besonders das Asien-Geschäft ausgebaut.

Jedoch: In einer Bank hatte er noch nie gearbeitet. Doch das war offenbar weder für den Verwaltungsrat der Credit Suisse noch für die Schweizer Finanzmarktaufsicht Finma ein Problem - sie hatten die Anstellung anstandslos durchgewinkt. Er habe doch bei Prudential, so würden sich die Aufseher später rechtfertigen, Milliardenbeträge für die Versicherten angelegt. Das musste als Qualifikation reichen.

Als ihn im März 2015 bei seiner Präsentation in Zürich ein Journalist nach seinen Kenntnissen über die hochtourigen Kapitalprodukte gefragt hatte, die die Banken in ihrem Investmentbanking führten und von denen die Credit Suisse eine besonders grosse Menge auf ihren Servern lagerte, reagierte Thiam plötzlich etwas spitz. Er habe Physik und Mathematik studiert und die Mathematik hinter den Bankprodukten sei doch «relativ primitiv», betonte er. Er sei «sehr zuversichtlich, dass er alles verstehen kann, was eine Investmentbank macht».

Bis am Vortag der lange angekündigten Präsentation vom 21. Oktober wussten die Medienvertreter gar nicht, ob eine Information am CS-Hauptsitz in Zürich stattfinden sollte. Viele hatten vorsichtshalber schon ihre Flugtickets nach London gebucht. Thiam hatte die Finanzgemeinde Tage vorher für seinen grossen Auftritt an die Themse bestellen lassen. Zürich war da nicht ganz so wichtig. Frühmorgens um 7.30 Uhr informierte er dann doch zuerst die Presse am Hauptsitz der Bank. Um 8.13 Uhr war Schluss, das Flugzeug in die Finanzmetropole wartete. Mehr als 200 Analysten und Investoren drängten sich dort in einem engen Saal in der City. Als Thiam ankam, war der Kurs bereits um mehr als vier Prozent gefallen.

Doch sein neues Gastland hatte er zuvor in diesen 43 Minuten entzückt. Denn Thiam brachte ein besonderes Geschenk: die Abspaltung des Schweiz-Geschäfts mit eigenem Börsengang. «Es gibt eine neue SKA», jubelte das Boulevardblatt «Blick» am nächsten Tag und zeigte den Bankchef auf der Titelseite mit der ikonischen Wollmütze mit dem rotblauen Kreuzlogo der Schweizerischen Kreditanstalt, aus der in den 1990er Jahren die Credit Suisse hervorgegangen war. Die anderen Massnahmen des komplexen Plans gingen da fast unter: eine Kapitalerhöhung von sechs Milliarden Franken - und ein drastisches Sparprogramm, dem mehr als 3000 Mitarbeiter zum Opfer fallen sollten.

Besonders die Folgen der geplanten Eigenständigkeit der Schweizer Bank wurden nicht gross beleuchtet. Denn künftig sollte nicht nur die Schweiz, sondern auch andere Teile des Weltkonzerns dezentral geführt werden: Neben dem Heimmarkt gab es neu auch eine autonome Region Asien, dazu als dritten Pfeiler das Geschäft mit den wohlhabenden Kunden vor allem in Europa und im Mittleren Osten.

Das starke Investmentbanking, in dem die Bank ihr Handelsgeschäft und ihre globale Firmenbetreuung bislang zentral gebündelt hatte, wurde zersplittert: Asien und die Schweiz wurden herausgelöst. Thiam, gerade drei Monate im Amt und bei der Strategiebestimmung von gleich drei Beratungsfirmen unterstützt, pries die neue Struktur als grosse Vereinfachung. «Ungewöhnlich, komplex und asymmetrisch», sollte der «Economist» später urteilen.

Besonders vom Asien-Geschäft versprach sich der neue Chef grosse Impulse, wie schon bei Prudential. Ein Teil seiner Visitenkarten waren auf der Rückseite mit Mandarin bedruckt. «Ein Beratungsgespräch läuft in Asien nicht gleich ab wie in der Schweiz», verkündete er. Es war ein Denken aus der Versicherungsbranche, die lokal organisiert war - jedes Land hatte seine eigenen Regulatoren, Zentralisierung war nur sehr beschränkt möglich.

Doch die globalen Banken mit grossen Investmentbanking-Einheiten hatten sich in den letzten zwei Jahrzehnten zentrale Risikoeinheiten verordnet, nach zahlreichen Unfällen auch von den Regulatoren gefordert. Nur so liess sich eine Gesamtübersicht über die Risiken sicherstellen. Auch der Verwaltungsrat der Credit Suisse hatte diese sogenannte «One-Bank-Strategie» bis zuletzt vehement verteidigt. Jetzt verkündete Thiam eine radikale Kehrtwende, zusammen mit einem heftigen Sparprogramm, ehrgeizigen Wachstumszielen und einem fast vollständig neuen Führungsteam.

Es war der tiefste Schnitt in die Innereien der Traditionsbank. Er sollte zum langsamen Tod führen.

Versicherungslogik
Tidjane Thiam

2. Zwei Gambler

Der gefährlichste Club der Welt wurde nach dem Fast-Kollaps des Finanzsystems von 2008 gegründet. Natürlich hatte auch er einen sperrigen Namen, das gehörte in der Finanzwelt dazu: «G-SIFIs» nannte er sich zunächst – «Global Systemically Important Financial Institutions». Doch nach erfolgreichem Lobbying verabschiedeten sich die Versicherungskonzerne aus dem Club, und so lief er seit 2019 unter dem Namen «G-SIBs»: «Global Systemically Important Banks».

Die Mitglieder bestimmten ein diskretes Gremium in der Schweiz, genauer in Basel: das «Financial Stability Board», in das die zwanzig grössten Volkswirtschaften der Welt ihre Vertreter schickten und das in einem hoch gesicherten Turm in Basel angesiedelt war. Hier hatte die Bank für Internationalen Zahlungsausgleich (BIZ), eine Art Zentralbank der Zentralbanken, ihren Sitz. Alle zwei Monate trafen sich die Notenbankchefs der Welt hinter verriegelten Türen.

Eigentlich wollte niemand dabei sein in dem Club, denn die Mitglieder sahen sich besonders scharfen Regulierungen ausgesetzt: Sie wurden als so gefährlich eingeschätzt, dass sie das gesamte Finanzsystem ins Wanken bringen konnten – das Aus der Wall-Street-Firma Lehman Brothers im Jahr 2008 hatte das Schreckenspotenzial eindrucksvoll dokumentiert. Keine andere Branche hatte diese Macht, die gesamte Weltwirtschaft in den Abgrund zu reissen – deswegen wurde sie auch vor der Finanzkrise schon stark reguliert, was die Katastrophe jedoch nicht verhindert hatte. Also wurde nochmals verschärft. Seit 2013 kam jeden November aus Basel die aktuelle Liste mit den Hochrisiko-Namen. Aber nicht dabei zu sein, hiess eben auch: nicht in der Weltliga zu spielen.

Acht Amerikaner zählten Ende 2022 dazu, vier Chinesen, drei Japaner und zwei Kanadier. Die Europäer stellten immerhin 13 Mitglieder, davon sieben aus der Eurozone. Die Unterschiede zwischen den Clubmitgliedern waren gross. Jede Bank pflegte ihre eigene Kultur und Tradition. J.P. Morgan etwa war schon zu Beginn des 20. Jahrhunderts unter ihrem Namensgeber John Pierpont Morgan zur Drehscheibe der amerikanischen Wirtschaft aufgestiegen: Der wenig empathische Grossfinancier lenkte von seiner Yacht vor den Toren New Yorks aus die amerikanische Wirtschaft. Diese Rolle war mehr als hundert Jahre später an J.P.-Morgan-Langzeit-Dominator Jamie Dimon übergegangen, der über der amerikanischen Bankenszene thronte - und damit natürlich, aus seiner bescheidenen Sicht, über der gesamten Bankenwelt.

Die britische HSBC: als Hongkong Shanghai Banking Corporation die Bank des einstigen Empire - noch immer weltumspannend, aber auch etwas verzettelt und behäbig. Ab 18 Uhr, so die Fama aus grossen Zeiten, gönnten sich die Chefs die ersten Drinks, und Personalgespräche begannen angeblich zuweilen noch immer mit dem Satz: «Get off the booze.» Die Wall-Street-Ikone Goldman Sachs: «greedy, but longterm greedy», noch immer Vorbild für all die Häuser, die das schnelle Geld suchten, dabei aber leider zu oft scheiterten. Die Deutsche Bank: arrogant zu Hause, dilettantisch im Ausland.

Auch zwei Schweizer waren dabei, für das kleine Land mit gerade acht Millionen Einwohnern eine besondere Ehre: Die UBS, von der Finanzkrise besonders gebeutelt und mit Verlusten von mehr als 50 Milliarden Franken dem Tod nur knapp entronnen, aber trotzdem noch immer die Nummer eins des Alpenlandes. Und die Credit Suisse, ewige Nummer zwei, aber relativ gesehen einer der Gewinner der Finanzkrise: Von den verhängnisvollen Immobilienpapieren, die so viele Banken in den Abgrund rissen, hatte sie früh die Finger gelassen.

Und wie das Alpenland auf seine Sonderrolle als selbstbewusstes Nicht-EU-Mitglied im Herzen Europas stolz war, so waren es auch die beiden Schweizer Banken auf ihren Sonderstatus. Weil ihr Heimmarkt klein war, hatten sie früh ins Ausland expandiert und globale Einheiten in zwei Schlüsselgeschäften aufgebaut: dem Investmentbanking und der Vermögensverwaltung. Doch die Gewichtung war unterschiedlich: Die behäbigere UBS setzte mehr auf die langweiligere Geldverwaltung. Bei der wilderen Credit Suisse gaben die risikofreudigen Investmentbanker den Ton an.

Das Schöne daran: Weil sich ihre Chefs mit den hoch bezahlten Lenkern der Wall-Street-Firmen verglichen, zahlten ihnen die beiden Schweizer Grossbanken auch deren zweistellige Millionensaläre aus. So viel gab es nirgends sonst in Europa. Die europäischen Konkurrenten schauten neidvoll nach Zürich. Es war das europäische Abbild der amerikanischen Finanz-Hackordnung: Ganz oben die Investmentbanker, dann die Vermögensverwalter, am Schluss die Retailbanker. Und Versicherungsmanager? Zwar auch passabel bezahlt. Aber dennoch grau. Zweite Liga.

Als die erste Liste des Basler Clubs 2013 erschien, galt die Credit Suisse noch als gesündere der beiden Schweizer Grossbanken. Doch das hatte sich in den letzten Jahren dramatisch geändert. Im November 2022, als die Credit Suisse zum letzten Mal auf der Liste geführt wurde, war sie im Ansehen auf den letzten Platz abgerutscht. Die gefährlichste Bank im gefährlichsten Club der Welt stammte ausgerechnet aus der soliden Schweiz.

Der Grund? Auch sie hatte eine sehr spezielle Kultur.

Ihr Gründer war die wohl legendärste Figur der Schweizer Wirtschaft. Alfred Escher, geboren im fernen Jahr 1819, hatte 1856 die Bank als stolze Schweizerische Kreditanstalt gegründet und war in seinen Pionierjahren zum ersten Financier der modernen Schweiz aufgestiegen. Er gründete auch den weltumspannenden Rückversicherer Swiss Re, die Lebensversicherungsgesellschaft Swiss Life – und als besonders wichtiges Vermächtnis: die Eidgenössische Technische Hochschule. Sie sollte es zu Weltruhm bringen und die Limmatstadt für Technologieriesen wie Google zum begehrten Standort machen.

Eschers Passion galt dem Eisenbahnbau, und dafür nutzte er sehr intensiv die neue Bank, zur Hälfte finanziert vom liberalen Zürcher Bürgertum, zur anderen Hälfte aus Deutschland. Er investierte über die Bank in grossem Stil in eigene Bahnprojekte, was ihm heutzutage einen besonders scharfen Blick der Behörden einbringen würde - mindestens. Erst bekam seine eigene Nordostbahn Geld von der Bank, dann stürzte sich Escher in sein grösstes Abenteuer: die Finanzierung seiner Gotthardbahn. Es waren chaotische Zeiten, das Bahngeschäft verursachte hohe Kosten bei spärlichen Erträgen, und so kam es, wie es kommen musste: Beide Bahnen mussten verstaatlicht werden.

Escher war ein Draufgänger, ein Abenteurer, heute würde man wohl sagen: ein Gambler. Denn das normale Bankgeschäft, bei dem korrekte Bankbeamte das Geld zu tiefen Zinsen einsammelten und für hohe Zinsen weitertrugen, war nicht seine Sache, und auch die Vermögensvermehrung für die Wohlhabenden, eine Dienstleistung, die die Schweizer Banken später um die Welt tragen sollten, war ihm zu öde. Er wollte bauen, erschaffen, die Schweiz verändern - und ging dafür hohe Risiken ein.

Wilde Kredite wurden ohne wirkliche Prüfung vergeben, oft ging das Geld verloren. Seine Statue vor dem Zürcher Hauptbahnhof überragt noch heute überlebensgross die Bahnhofstrasse. Doch der später so verehrte Escher starb 1882 als umstrittene Persönlichkeit - zum ersten Gotthard-Durchstich 1880 war er nicht eingeladen worden. In ihrer Selbstdarstellung bezeichnete sich die Bank schon zu seiner Zeit als Unternehmerbank. Aber der Grat zur Zockerbank war schon damals sehr schmal.

Die Linie vom Gründervater direkt zum Ende der einst so stolzen Bank legen zu wollen, wäre etwas zu einfach. Aber Fakt ist: Diese Grundidentität, schneller, einfallsreicher, besser sein zu müssen, durchzog die Bank seit ihren Anfängen und setzte sich in den 167 Jahren ihres Bestehens fort - bis zum bitteren Ende.

Das traditionelle Geschäft überliess man auch später lieber den anderen, so die Selbsteinschätzung, allen voran der UBS, deren Vorgängerbank SBG sich in den 1960er Jahren unter den damals noch fünf Grossbanken an die Spitze gesetzt hatte und unter dem Schutz des Bankgeheimnisses die Reichen rund um die Welt anzog - inklusive vieler schattiger Charaktere. 1964 erfand der Labour-Politiker George Brown den Terminus der «Gnomes of Zurich». Das Zerrbild des diskreten, aber skrupellosen Schweizer

Bankers ging um die Welt und lieferte den James-Bond-Produzenten und vielen anderen Filmemachern beste Schurken-Vorbilder.

Und weil der SKA die schnöde Vermögensverwaltung zu reizarm war und der Vorsprung der UBS zu gross, brauchte es frische Geldströme aus anderen Gebieten. Für den grossen Einstieg in die Heimmärkte der europäischen Nachbarn fehlte es schlicht an Kapital. Und die Vermögensverwaltung von institutionellen Grosskunden, etwa Pensionskassen, steckte damals noch in den Kinderschuhen. Zwar gab es in den USA grosse Geldsammelhäuser wie Fidelity, Templeton oder Vanguard. Aber ihr Geschäft galt als ebenso wenig aufregend wie die heimische Vermögensverwaltung.

Und so entwickelte die Bank schon früh ein spezielles Sehnsuchtsziel: Sie hatte bereits 1939 in New York die Swiss American Corporation gegründet, um Firmen bei der Kapitalbeschaffung durch Aktienemissionen zu unterstützen. 1964 bekam sie als erste Schweizer Grossbank eine vollumfängliche Banklizenz in der Finanzmetropole.

Was lag also näher, als sich so stark wie keine andere Bank Europas mit der Grossmacht der Zockerwelt einzulassen - den Helden der Wall Street? Es war ein junger Banker namens Rainer Emil Gut, geboren 1932, Sohn eines Direktors der Zuger Kantonalbank, der nach einer Banklehre ohne Studium abenteuerlustig nach New York ging und dort bereits mit gerade 31 Jahren die Leitung der kleinen Repräsentanz der SBG übernahm.

Von dort wechselte er zum gediegenen Wall-Street-Haus Lazard Frères - und übernahm anschliessend in der Finanzmetropole die Leitung der CS-Tochter Swiss American Corporation. Seine prägendsten Lebensjahrzehnte hatte er an der Wall Street verbracht, bevor er 1973 als Leiter des SKA-Auslandsgeschäfts zurück in die Schweiz kam, zusammen mit seiner amerikanischen Ehefrau Josephine. «Sie ist tougher als er», war das geflügelte Wort, das die Journalisten voneinander abschrieben, da das Paar nie öffentlich auftrat.

Bezeichnenderweise kam Gut durch eine Betrugsaffäre an die Macht - es war der erste grosse Fall in einer langen Kette von Schweizer Bankenskandalen. In der Grenzstadt Chiasso, erstes Einfallstor für grosse Mengen von italienischem Schwarzgeld, hatten die Verantwortlichen das Unternehmertum zu kreativ ausgelegt und die Gelder über Jahre illegal nach Liechtenstein verschoben, wo sie es durch wilde Spekulationen dann verloren. Im April 1977 flog der Betrug auf. Die CS musste damals den rekordhohen Betrag von 1,4 Milliarden Franken abschreiben.

Der Grossteil der Bankführung musste gehen, und der Innerschweizer Katholik mit Wall-Street-Habitus übernahm das Steuer der schlingernden Bank. Als Gütesiegel der Amerikanisierung führte er das dort übliche Mittelinitial, was etwas manieriert wirkte. Aber die heimischen Journalisten übernahmen es brav, auch wenn er sie mit strikter Nichtbeachtung strafte.

Wenn schon Medienvertreter, so seine Haltung, dann das «Wall Street Journal» und vielleicht noch die «Financial Times». Schweizer Berichterstatter? Ahnungslos, Provinz. Die verschmähten Journalisten trösteten sich damit, dass der Zweitname des mächtigen Bankpatrons ja der gleiche sei wie der des bekanntesten Schweizer Komikers Emil. Das fand Gut wiederum gar nicht witzig.

New York war Guts gefühlte Heimat. Man konnte hier fast die DNA des Draufgängers Escher erkennen. Die Bankenwelt war in den 1970er Jahren noch stark regionalisiert, keine europäische Bank hatte bis dahin den Wagemut gehabt, sich in die Herzkammer des amerikanischen Kapitalismus vorzuwagen. Jetzt kam Rainer Emil Gut.

Zu einer ersten Kooperation kam es mit der Firma White Weld, einem New Yorker Börsenhändler, der auch in London aktiv war. Doch die Zusammenarbeit ging nicht richtig voran. Als sich eine grössere Chance ergab, schlug Gut zu. Die First Boston hatte sich 1933 von der First National Bank of Boston abgespalten, als Folge des Glass-Steagall-Aktes, der den amerikanischen Geschäftsbanken das Wertpapiergeschäft untersagte.

Als erste kotierte US-Investment-Bank hatte sie sich schnell einen Namen an der Wall Street gemacht. Ihre Herkunft aus der Schiffsfinanzierung zeigte das Haus stolz: Bis zu ihrem Ende sollten an der Madison Avenue 11 am New Yorker Sitz des Geldhauses in Midtown Manhattan Modelle der ersten finanzierten Schiffe aus der Hafenstadt Boston ausgestellt sein. So viel Anschein von seriösem Bankgeschäft musste sein.

Doch mit dem profanen Kreditgeschäft oder der Vermögensverwaltung hatte auch die First Boston nichts zu tun. Sie war ein hochtouriger Berater für Fusionen und Übernahmen und half Firmen bei der Aufnahme von Kapital, am liebsten über Börsengänge. Schon die First Boston zeichnete ein Merkmal aus, das sie später auf die gesamte Bank übertragen sollte: Das Kapital war knapp, auch weil sie ihre Kunden mit speziellen Angeboten locken musste, um an die lukrativen Beratermandate zu gelangen.

Und so waren die Manager froh, als im Jahr 1978 der amerikabegeisterte Schweizer mit den tiefen Taschen 34 Prozent ihrer Firma übernahm. In New York blieb das Haus als First Boston am Markt, zusammen gründete man in London den Ableger Credit Suisse First Boston - die CSFB war geboren. Was damals niemand wusste: Rainer E. Gut hatte sich auch privat an der neuen Firma beteiligt.

Der Wagemut schien sich zunächst auszuzahlen. In der New Yorker Zentrale machten die beiden Firmenstars Bruce Wasserstein und Joseph Perella im M&A-Geschäft, in der Beratung für Fusionen und Übernahmen die First Boston zum führenden Haus in der Königsdisziplin des Investmentbankings. Und auch die Expansion nach London war anfangs ein grosser Erfolg. Firmen aus aller Welt verkauften hier ihre Anleihen - die City wurde zur Drehscheibe des stetig wachsenden Eurobond-Markts und stieg zum unangefochtenen Finanzzentrum Europas auf.

Es war ein gewiefter Händler aus gutem Hause, der die Expansion vorantrieb: Hans-Jörg Rudloff, schweizerisch-deutscher Doppelbürger aus einer Bankerfamilie mit ausgeprägtem Marktgespür und der notwendigen Dosis Ruchlosigkeit. Damals auch jung dabei: Oswald Grübel, der nach dem frühen Tod seiner Eltern im Zweiten Weltkrieg bei seinen Grosseltern in Ostdeutschland aufgewachsen und im Alter von neun Jahren zu Verwandten nach Westdeutschland geflohen war. Er hatte eine Lehre bei der Deutschen Bank in Mannheim absolviert und war als 27-Jähriger nach London gekommen, dem neuen Geldmekka Europas. Dort verkaufte er zunächst für den CS-Partner White Weld Anleihen übers Telefon an Grosskunden. Dann stiess auch er zur CSFB.

Die Bank ritt die Welle perfekt, auch wenn ihr Ende absehbar war. So war es immer: Der ewige Zyklus von Gier und Angst trieb das schmalbrüstige Haus in regelmässigen Abständen in die Enge. In guten Zeiten profitierten die Gambler-Banker, in schlechten Zeiten mussten die reichen Schweizer - und ihre Aktionäre - ihr Portemonnaie aufmachen.

Mit dem Börsencrash von 1987 endete die Bonanza jäh, und jetzt brachen die Rivalitäten zwischen London und New York um die richtige Bonushöhe voll auf. Gut musste 300 Millionen Dollar in die CSFB einschiessen und stockte dadurch die Beteiligung auf 45 Prozent auf.

Die chronische Kapitalknappheit wollte Gut mit einem Trick aushebeln. Weil er die scharfe Investmentbanking-Kultur nicht mit dem heimischen Geschäft mischen wollte, so die offizielle Version, erschuf er die CS Holding als Firmendach für CSFB und SKA. Die SKA-Aktien liess er in CS-Holding-Aktien umwandeln. Doch die wahre Absicht war eine andere: Eine Holding, so Guts Kalkül, sei doch keine Bank - und brauche deshalb weniger Kapital.

Doch das Schweizer Bundesgericht zerschoss den Plan und entschied, dass die Holding genauso viel Kapital halten müsse wie die Tochterbank SKA. Die Idee, mit einem Juristentrick an mehr Kapital zu kommen, war gescheitert. Der ewige Kampf mit dem Regulator ums Kapital - auch dieser Kampf sollte eine Konstante bis zum Ende der Bank bleiben.

Und ebenfalls: Die Beteiligung von Investoren aus reputativ eher anfälligen Staaten, die sich von dem Einstieg bei der Credit Suisse neben üppigen Zinserträgen auch Prestige versprachen, auch das ist in dieser Form bei keiner anderen Bank zu finden. So kam in der Krise Ende der 1980er Jahre der saudische Geschäftsmann Suliman Olayan an Bord, dessen Olayan Group bis zum bitteren Ende knapp fünf Prozent an der Bank halten sollte. 35 Jahre später sollte es die frisch eingestiegene Saudi National Bank sein, die in den letzten Tagen der Unabhängigkeit eine verhängnisvolle Rolle spielte.

Die Krise verschärfte sich mit dem Abgang der beiden Stars. Wasserstein und Perella hinterliessen dem New Yorker Haus faule Kredite von mehr als einer Milliarde Dollar. Schon vorher hatte ein anderer Manager die Bank wenig ruhmreich verlassen: Der

Händler Larry Fink hatte sich mit Immobilienpapieren verzockt und einen Verlust von 100 Millionen Dollar produziert. Doch es blieb ihm genügend Geld, um den Vermögensverwalter Blackrock zu gründen.

Gut musste seine Partner praktisch vor dem Konkurs retten. Dafür übernahm seine Bank 1991 die Mehrheit an der First Boston, jedoch zu einem hohen Preis: Die CS, seit dem Chiasso-Debakel mit dünner Eigenmitteldecke, musste mehr als eine Milliarde Franken einschiessen.

Die Krise war damit jedoch nicht ausgestanden. Denn die Bonuskürzungen, von Gut verordnet, wollten die CSFB-Topleute nicht akzeptieren, auch das ein Thema, das die CS über Jahre begleiten sollte - bis zum Ende gehörten die Bonusquerelen zur Bank wie ihr edler Hauptsitz am Paradeplatz 8. Erfahrene Investmentbanker verliessen das Haus in Scharen. Die First Boston, mit Eigenmitteln von nicht einmal zwei Milliarden Dollar die am schwächsten kapitalisierte Investmentbank der Wall Street, rutschte in die zweite Liga ab. Guts Traum stand vor dem Aus.

Was die Anspannung etwas linderte: Er hatte längst ausgesorgt. Erst später wurde durch Dokumente der US-Börsenaufsicht SEC bekannt, dass sich Gut für seine 1978 eingegangene verdeckte

Draufgänger
Statue von Alfred Escher vor dem Zürcher Hauptbahnhof, Rainer E. Gut

Beteiligung an der CSFB beim Aufstocken des CS-Anteils 1988 die Summe von 13,5 Millionen Dollar auszahlen liess, mehr als 20 Millionen Franken.

Das war damals ein grosser Betrag: Die Schweizer Bankchefs verdienten kaum mehr als eine Million Franken pro Jahr. Später würde man diese Technik wohl als eine Form von Insidervergehen taxieren. Damals sah man das alles entspannter, und das nutzte in den Bankleitungen nicht nur Gut aus. Doch der CS-Lenker war eben besonders geschickt. Das war eine Erkenntnis, die auch seine Nachfolger antreiben sollte: Die US-Expansion bot ganz andere Hebel für den eigenen Vermögensaufbau als das heimische Geschäft.

3. Wettbüro

Wie zentral die richtige Kultur für den Erfolg war, wurde gerade von Bankchefs besonders gern betont. Meist folgte auf derartige Grundsatzüberlegungen der Nachsatz, dass vor allem die Konkurrenten die falsche Kultur hätten.

Im Fall der CS galt allerdings: Bei ihr stimmte es. Denn obwohl sie aus der so konservativen Schweiz kam, pflegte sie ganz bewusst eine Hochrisiko-Kultur - und dafür trug ein fast vergessener Mann mit kaum 1,75 Metern Körpergrösse entscheidende Verantwortung. Er stammte aus dem amerikanischen Wüstenstaat New Mexico und fügte mit seinem heftigen Südstaatenakzent dem derben Jargon der New Yorker Handelsräume eine besondere Note hinzu. Sein Name: Allen Wheat.

Es war der Amerikaner, der Gut in der Krise über Wasser hielt. 1990 war er mit einem Dutzend Mitstreitern nach London gekommen, um auf Geheiss Guts die neuste Händlerwelle zu surfen: Derivate - neue Finanzinstrumente, die damals frisch den Markt überfluteten und als hochgefährlich galten. Das britische Traditionshaus Barings sollte sich damit 1995 in den Untergang zocken.

Mit den neu lancierten Optionen erwarb der Käufer etwa das Recht, eine Aktie an einem Stichtag zu einem bestimmten Preis zu kaufen. Bei Veränderungen des Basiswertes konnten die neuen Instrumente gigantische Hebelwirkungen erzielen - in beide Richtungen. Weil Wheat auf seinen Freiheiten bestand, wurde das Geschäft in einer eigenen Firma hochgezogen, die fast so klang wie die Investmentbank CSFB: CSFP - «Credit Suisse Financial Products».

Es durfte als Omen gelten: Wheat kam von der wildesten Händlerfirma New Yorks. Bankers Trust war als eines der ersten Häuser in das hochspekulative Geschäft eingestiegen. Die Kultur war: Hohes Risiko, hoher Gewinn, Verluste zählen zum Geschäft. Für Klagen von Regulatoren oder Anwälten galt: ignorieren oder bekämpfen.

Nach Wheats Abgang entpuppte sich Bankers Trust als unkontrollierbares Casino. Es kam zu zahlreichen Gerichtsklagen. Schliesslich legte die US-Zentralbank das Derivategeschäft 1994 still - die Höchststrafe. Die marode Bank wurde später von der Deutschen Bank geschluckt. Die Aufseher waren froh, dass sie vom Erdboden verschwunden war.

Sein Ziel, das gab Wheat unverblümt zu, war simpel: so schnell wie möglich so reich wie möglich zu werden. Selbst bei Investorenpräsentationen schwärmte er davon, welche immensen Profitchancen die Bank für ihn und seine Mitstreiter biete. «Das war schon komisch - das Wort Kunde ist bei der gesamten Präsentation nie gefallen», wunderte sich ein Teilnehmer.

«Greed is good», das legendäre Motto des Filmhelden Gordon Gekko aus dem Film «Wall Street» des Regisseurs Oliver Stone, galt auch als Wheats Antriebsfeder. Die Inspiration für den Film hatte der Crash-Financier Michael Milken geliefert, der 1990 mit seinen «Junk Bonds» (Schrottanleihen) das Händlerhaus Drexel Burnham Lambert in den Abgrund geführt hatte. Da war Wheat wie Milken: Nicht «long-term greedy» wie die Rivalen bei Goldman Sachs, sondern «short-term greedy» - er wollte das schnelle Geld. Und diese Mentalität übertrug er auf die Bank.

Am Anfang lief auch hier wieder alles gut. Wheats Wettbüro war vom ersten Tag an profitabel und spülte der Credit Suisse jährlich Gewinne von mehr als 300 Millionen Dollar in die Kasse. Als das Geschäft der First Boston wieder besonders schlecht lief, musste Gut 1994 sogar 20 Prozent seines Derivate-Juwels für 800 Millionen Franken an die Swiss Re verkaufen, damit die CSFB keinen Verlust auswies. Das stärkte Wheat weiter: Er stieg an die CSFB-Spitze auf - und zog seine Mitstreiter mit.

Banking ist ein Herdengeschäft, und auf den richtigen Rudelführer zu setzen, entscheidet über Aufstieg oder Fall. Das Wheat-Rudel sah man im Londoner Bankenviertel am Canary Wharf oft beim gemeinsamen Essen - und weil sich Wheat die Krawatte über den Rücken schlug, taten es ihm seine Mitstreiter gleich. Von Anfang an mit dabei: ein gewisser Brady Dougan, Sohn eines Eisenbahnangestellten aus einem Provinzstädtchen im wenig mondänen Illinois. Er hatte bereits für Bankers Trust in Tokio gearbeitet und dort seine Joggingrunden um den Kaiserpalast gedreht. Jetzt galt er als einer der engsten Leutnants des Truppenführers, intern «Wheat Boys» genannt.

Parallel zum Aufbau der neuen Sparte in London trieb Gut auch im Heimmarkt die Expansion voran - auch da stets auf einem schmalen Grat zwischen Stratege und Hasardeur. Einen grossen Plan hatte er nicht, er kaufte sich eher wahllos-opportunistisch ein Bankenreich zusammen. Es umfasste neben der SKA so illustre Namen wie Leu, Hofmann oder Clariden.

Als sich die SBG 1993 die Volksbank schnappen wollte, machte er ein besseres Angebot und setzte sich mit dem Kauf vor den Basler Bankverein auf den zweiten Platz der heimischen Bankenszene. Als der Financier Martin Ebner im Stil eines amerikanischen Raiders die SBG belagerte, reagierte Gut wie ein klassischer Wall-Street-Dealmaker: Er schlug dem damaligen SBG-Präsidenten Nikolaus Senn einen Zusammenschluss vor - auch das in bester Escher-Manier: «Bietet sich die Gelegenheit der Übernahme eines anderen Unternehmens, so ist die Chance schnell einmal vorbei. Da sind rasche Entscheide notwendig», hatte Gut in einer Würdigung des Bankgründers geschrieben.

Der Appenzeller Senn lehnte entrüstet ab - man sei hier in der Schweiz, nicht in New York, und wenn seine Bank überhaupt eine Fusion anstrebe, dann mit dem Bankverein. So kam es dann auch: Ein Jahr später schloss sich die Nummer eins mit der Nummer drei zusammen - was für die CS den Abstand zum Marktführer auf Ewigkeit zementieren sollte. Gut hatte sich mit der Attacke auf die SBG verzockt.

Es blieb ihm nichts anderes übrig, als in seinem wild zusammengekauften Reich auf Konsolidierung zu setzen. Mit «Lasset tausend Blumen blühen» hatte er den Wildwuchs seines Bankenkonglomerats noch verklärt: SKA, CSFB, Leu, Volksbank, Clariden - alle arbeiteten nebeneinander und kämpften teilweise um dieselben Kunden. Selbst die SKA unter dem ehrgeizigen Bankchef Josef Ackermann leistete sich heftige Kämpfe mit der amerikanischen Schwesterbank um Kunden. Und dass die CSFB-Banker das Vielfache für die oft gleiche Arbeit bekamen, war für viele CS-Mitarbeiter ein ständiges Ärgernis.

Urs Wietlisbach etwa, der später als Co-Gründer der Private-Equity-Firma Partners Group die grösste Erfolgsgeschichte der Schweizer Finanzszene schreiben sollte, regte sich so stark über diese Ungleichbehandlung auf, dass er schliesslich kündigte. «Wir haben sie gehasst», so Wietlisbach über die CSFB-Banker. «Sie machten das Gleiche wie wir, aber bekamen ein Vielfaches von unserem Gehalt.»

Bei der Konkurrenz gab es Spott. «Die CS ist die Bank, die in jedem Bergdorf drei Filialen mit dem gleichen Angebot hat», ätzten die Konkurrenten vom Bankverein. Er hatte sich mit einer Vier-Sparten-Organisation eine zeitgemässe Struktur verordnet: Wealth Management, Investmentbanking, Asset Management und das heimische Retailgeschäft.

Es brauchte eine neue Organisation, und da schien ein Stern besonders hell: Lukas Mühlemann, Ex-Schweiz-Chef von McKinsey, seit Kurzem Chef der Swiss Re und seit Jahren mit seinem Kompagnon Thomas Wellauer Einflüsterer des Bankpatriarchen. Dass beide noch nie in einer Bank gearbeitet hatten, störte Gut nicht. Die wahre Macht lag ja bei ihm.

Ackermann musste gehen - der selbstbewusste Banker hatte die Verzettelung der Gruppe zuletzt immer stärker kritisiert, und wenn Gut etwas nicht duldete, war es Illoyalität. Ackermann stieg später zum Langzeit-Chef der Deutschen Bank auf. Und wie die anderen Ex-CS-Granden Rudloff und Grübel sollte auch er im verhängnisvollen Herbst 2022 eine Investorengruppe zur Rettung der taumelnden Bank bilden. So viel Verbundenheit hatten die Veteranen dann doch mit ihrer einstigen Bank, die sie reich gemacht hatte. Doch der Plan sollte sich als chancenlos erweisen.

Gut trug dem McKinsey-Duo die Integration der zersplitterten Gruppe auf, und so entstand zum Jahresbeginn 1997 die Credit Suisse Group, mit einer fast identischen Kopie des Vier-Sparten-Modells des Bankvereins. Für Nostalgiker besonders bitter: Die Traditionsmarke SKA wurde im Heimmarkt geopfert, die Bank nannte sich nur noch Credit Suisse. Die ikonischen Wollmützen mit dem rotblauen Rechtecklogo wurden später zum Renner im Internet. Der Name «Credit Suisse First Boston» blieb jedoch bestehen, allen Skandalen zum Trotz.

Auch das war ein Zeichen. Denn jetzt hatten Wheats Investmentbanker endlich die Feuerkraft, um global richtig anzugreifen. Sie bekamen Zugriff auf die grosse Kasse. Gut übertrug der CSFB nicht nur das gesamte internationale Geschäft sowie das hochprofitable Schweizer Kapitalmarktgeschäft. Vor allem bekam die CSFB den Grossteil des knappen CS-Eigenkapitals - 11 Milliarden von 19 Milliarden Franken.

Nach den gängigen Ranglisten, welche die Banker besessen verfolgten, war die CSFB weltweit die Nummer vier hinter der damaligen heiligen Dreifaltigkeit der Wall Street: Merrill Lynch, Goldman Sachs und Morgan Stanley (J.P. Morgan zählte bis zur Aufhebung des Trennbankensystems 1999 noch nicht dazu). Jetzt hiess es: Attacke. Zur weltweiten Nummer eins wolle man werden, so die interne Botschaft in einem Mitarbeiterfilm. Es klang fast wie der Schurken-Grössenwahn in einem James-Bond-Film: Weltherrschaft, was sonst?

Aus dem schwächlichen Geldhaus mit nicht einmal zwei Milliarden Franken Eigenkapital wurde eine der bestkapitalisierten Investmentbanken der Welt. Eine Schweizer Bank war die CSFB nur noch auf dem Papier. Über Gut, noch der bekannteste Schweizer Banker in den USA und den alten CSFB-Leuten als Bonuskiller in Erinnerung, wurden am New Yorker Hauptsitz offen Witze gerissen - der Gnom aus Zürich als Sugardaddy, der die Schecks bei Grossverlusten bezahlte.

Der Kulturwandel erfasste die beiden Schlüsselpersonen aus der ersten erfolgreichen Phase der Londoner CSFB: Rudloff verliess das Unternehmen 1995 und soll Gut vor der viel zu risikofreudigen neuen Führungstruppe um Wheat gewarnt haben. Und Grübel, zuletzt globaler Handelschef, übernahm das Private Banking der Bank. Die Wall-Street-Haie hatten die alte SKA gekapert. Unter den fast 500 Managing Directors der CSFB befanden sich kaum mehr als zwanzig Schweizer.

Doch es lohnte sich auch für die Führungskräfte im Heimmarkt: Die Amerikanisierung der SKA brachte auch die New Yorker Megalöhne in die Schweiz. Alle wurden jetzt gemeinsam besoldet. Die Credit Suisse führte als erster Schweizer Konzern 1998 einen Vergütungsausschuss ein, deren Vorsitz Gut gleich selbst übernahm - dass der Präsident sein eigenes Salär festlegte, sah man damals noch entspannt. Hatten die Chefs der Grossbanken bis dahin kaum mehr als zwei Millionen Franken im Jahr verdient, so konnte Mühlemann jetzt die Zehn-Millionen-Marke knacken.

Das war viel mehr als bei den anderen europäischen Grossbanken: Solide Adressen wie HSBC, BNP oder ABN Amro zahlten deutlich weniger. Im Jahr 2000 musste die Bank gemäss neuen Vorschriften erstmals die Lohnsumme der Führungsmannschaft ausweisen: 168 Millionen Franken - mit Abstand der höchste Wert in Europa. Vergleichszahlen von früher waren nicht öffentlich. Aber dass sich durch die Amerikanisierung auch die Lohnpakete der heimischen Topmanager mindestens verdreifacht hatten, war intern unbestritten.

Wheat selbst löste das heikle Bonusthema auf seine Weise: Er liess sich selbst von Mühlemann den höchsten Bonus auszahlen. Intern wurde die Bank «Wheat First» genannt. Wenn ihn Mitarbeiter charakterisieren sollten, malten sie ein Dollarzeichen auf die Serviette.

Zahlreiche Skandale waren die Folge der zügellosen Geldkultur. In London flogen die «Flaming Ferraris», ein nach ihrem Lieblingsdrink benanntes Händlertrio, wegen verbotener Handelsgeschäfte auf. In New York manipulierten Mitarbeiter die Vergabe der Aktien von Neuemissionen. In Schweden kam es zu einem Verfahren wegen Marktmanipulationen. Der Zentralbank der Ukraine halfen die Banker, die Bilanzen zu frisieren, um sich einen Kredit des Internationalen Währungsfonds zu erschleichen.

Die Reaktion der Bank war immer die gleiche, auch das eine Konstante bis zum Ende: Bedauerliche Einzelfälle, wir verschärfen unsere Kontrollen, solche Unfälle kommen nicht wieder vor. Nur ein verfaulter Apfel eben, der Stamm ist gesund.

Doch das war er eben nicht. Symptomatisch etwa der Fall in Japan: Dort kaschierte die Bank Derivategeschäfte vor den Behörden, um Steuern zu sparen. Der verantwortliche Manager versuchte sogar, Aktien zu vernichten. Die Polizei stürmte das CS-Gebäude. Die Lizenz wurde entzogen.

Doch wie gross war das Risiko für die Bank bei derartigen Verfehlungen? Die höchste Strafe fiel noch für das Headquarter in London an: Kärgliche vier Millionen Pfund durch die britische Finanzaufsicht - und das war damals sogar eine Rekordstrafe. Und auch die Eidgenössische Bankenkommission, die Vorgängerin der Finma, berichtete in ihrem Jahresbericht 1999 brav über die Ermittlungen im Fall Japan: Sie habe «eine unabhängige Drittgesellschaft mit der Revision des Bereichs Legal und Compliance der ganzen Credit Suisse Group» beauftragt.

Das gleiche Muster sollte sich später über Jahre hinweg auch bei der Finma bei all ihren Verfahren gegen die CS zeigen: Die Behörde hatte keine eigenen Ermittler, sondern griff auf externe Prüfer mit oft wenig Sachkenntnis und Biss zurück. Und ihr Strafarsenal war dünn: Geldstrafen durfte sie nicht aussprechen, die Strafmassnahmen waren schwach. Und sie liessen sich nur schwer durchsetzen und wurden oft Jahre später angeordnet - da gab es längst neue Unfälle.

Die Regulatoren waren Sheriffs mit Platzpatronen, und den Reputationsschaden nahmen die CS-Banker gern in Kauf. Es war fast ein Spiel. Das Motto bei jedem Regulationsverfahren oder Klagefall: Erst mal abstreiten. Dann hart juristisch gegenhalten - und einfach weitermachen. Auch diese Haltung sollte sich bis zum Ende durchziehen.

Doch wenn auch die Regulatoren nicht gefährlich werden konnten: Die Märkte konnten es schon. Es war - natürlich - wieder die draufgängerische Credit Suisse, die als erste Grossbank zu Beginn der 1990er Jahre ins wilde Russland gestürmt war. Kein anderer Player hatte sich dorthin in grossem Stil vorgewagt. Es zeigte sich wieder das gleiche Muster: abkassieren bis zum Crash.

Als Russland 1998 einen Staatskonkurs melden musste, verlor die CSFB mehr als zwei Milliarden Franken - der bis dahin grösste Verlust der CS-Geschichte. An der Börse stürzte der Kurs von 95 auf 35 Franken. Weil die Führungsleute die Hälfte ihrer Bezahlung in Aktien bezogen, geriet Wheat erstmals unter Druck.

Doch die Flaute dauerte nicht lange - die Euphorie kam schnell zurück. Der Dotcom-Boom ging in seine finale Phase, und Wheat hatte die gesamte Bank auf die Bonanza ausgerichtet.

Er hatte sogar von der Deutschen Bank den Technologiebanker Frank Quattrone abgeworben, der später wegen Manipulationsvorwürfen und Rechtsverfahren die Bank schändlich verlassen musste. Die Bank schoss aus allen Rohren, während die UBS, die schon drei Jahre zuvor aus dem überhitzten Markt ausgestiegen war, nur an der Seitenlinie stand und deshalb von ihren vermögenden Kunden heftig Feuer bekam. Kurzzeitig war die CS sogar mehr wert als die Fusionsbank: Die Aktie schoss Mitte 2000 auf einen historischen Rekordstand von 97 Franken hoch.

Die Chefs in Zürich erlaubten Wheat sogar eine Übernahme, die als heisser Kandidat für die sinnloseste Akquisition der Finanzgeschichte gelten darf: Im August 2000, auf dem Höhepunkt der Dotcom-Euphorie, kaufte die Credit Suisse für heftige 11,5 Milliarden Dollar, damals 19,6 Milliarden Franken, das Wall-Street-Haus Donaldson, Lufkin & Jenrette, kurz DLJ.

Die Firma war besonders bei den sogenannten «Junk Bonds» stark: Anleihen mit hohen Renditen und noch höherem Absturzpotenzial - eine weitere grosse Wette auf den Bullenmarkt. Im Markt nannte man sie auch «The new Drexel» - nicht gerade schmeichelhaft: Die Firma Drexel Burnham Lambert war ja unter ihren Schrottanleihen krachend eingestürzt. Aber irgendwie war auch passend: Die CS hatte sich die neue Version einer «Greed is good»-Firma ins Haus geholt.

Die Komplexität des CS-Investmentbankings stieg durch den Zukauf massiv und sollte noch Jahre später mögliche Kaufkandidaten für die CS abschrecken. Es war von aussen bis zum Schluss schlicht nicht durchschaubar, wie toxisch die CS-Investmentbank wirklich war. Mehr als 20 Jahre später musste die Bank noch eine Goodwill-Abschreibung auf DLJ von 1,6 Milliarden Franken vornehmen.

Doch im Verwaltungsrat gab es keine Gegenwehr gegen den sinnfreien Kauf. Mühlemann hatte kurz vor dem Kauf auch das Präsidium von Gut übernommen, weil der Patriarch die Alterslimite von 67 Jahren erreicht hatte. Dass die Regulatoren dieses Doppelmandat zuliessen, war ein Armutszeichen, denn eigentlich untersagte das Bankengesetz diese Ämterkumulation. Aber weil die CS noch immer als Holding organisiert war, liess man die Bank gewähren - einmal mehr ein Beleg für den zu laxen Umgang der Aufseher mit der Problembank.

Und so leistete sich die Credit Suisse nach dem Abgang Guts eine Premiere: einen Verwaltungsrat ohne Banker. Das Gremium war zwar eine Ansammlung von Grosskapitänen der Schweiz AG, von Nestlé-Chef Peter Brabeck über Lindt-&-Sprüngli-Grande Ernst Tanner bis zu Walter Kielholz, FDP-Anhänger und als Nachfolger von Mühlemann zum Chef der Swiss Re aufgestiegen.

Doch keiner von ihnen hatte jemals in einer Bank gearbeitet, geschweige denn in einer wild gewordenen Investmentbank. Die DLJ-Übernahme segneten sie dennoch ab. Ihr Basishonorar lag mit damals 170 000 Franken in der Schweiz schon weit vorn. Und durch die Amerikanisierung lockte ein satter Sprung nach oben.

Gut hatte davor auch die Zürcher FDP-Politikerin Vreni Spoerry als Vorzeigefrau in das Kontrollgremium geholt. Doch dass die korrekte Juristin aus Rapperswil am oberen Zürichsee die Wall-Street-Haie bremsen könnte, war eher unwahrscheinlich. Der schwache Verwaltungsrat, der die Amerikaner nie in den Griff bekam, sollte ebenfalls eine Konstante bis zum Schluss bleiben.

Mit dem Dotcom-Crash brach auch das Casino zusammen. Der Aktienkurs halbierte sich, und Allen Wheat, der grösste Gambler an der Spitze eines globalen Bankkonzerns, wurde von Mühlemann im Sommer 2001 zurück in die Wüste nach New Mexico geschickt.

Geldritter
Allen Wheat (l.), Lukas Mühlemann

Es war eine Verzweiflungstat - auch Mühlemann geriet mit dem Ende der Dotcom-Manie immer stärker unter Druck. Sein Allfinanz-Experiment mit einer gross angelegten Expansion in die europäischen Kernmärkte war ebenfalls ein Schönwetterkonstrukt. Auch diese Strategie sollte mit dem Ende der bis dahin heftigsten Börsenparty der Geschichte kollabieren.

Es war die wildeste Blüte der McKinseysierung der Bank: Weil die Berater tatsächlich an eine europaweite Allfinanz-Strategie glaubten, hatte die Credit Suisse 1997 den Schweizer Versicherungsprimus Winterthur komplett übernommen und wollte europaweit Allfinanz-Lösungen anbieten. Mühlemann installierte seinen McKinsey-Freund Thomas Wellauer als Winterthur-Chef und gründete nach der Übernahme des VR-Präsidiums eine neue Sparte, die er «CS Financial Services» nannte - «CSFS» als heimischer Gegenpart zur globalen «CSFB».

Hier wurde die Winterthur und alles andere gebündelt, was nicht zur CSFB zählte. Für Oswald Grübel, den bisherigen Private-Banking-Chef, war da kein Platz mehr. Die McKinsey-Fraktion hatte ihn abserviert. Doch sein Draht zum Übervater war weiterhin intakt. Gut hatte sich als einer der ersten Investoren eine Villa in der Edel-Enklave La Zagaleta in der Nähe von Marbella gekauft. Grübel hatte nachgezogen. Gemeinsam spielten sie dort Golf. Grübel behielt einfach sein Büro am Paradeplatz - und wartete.

Als der Aktienkurs Mitte 2002 unter die 20-Franken-Marke fiel, war es auch um Mühlemann geschehen. Dass er zur Rettung der Schieflage im Investmentbanking sogar die Reserven der bis dahin grundsoliden Winterthur anzapfte, war ein besonders schrilles Alarmsignal.

Erst ging Mühlemann als VR-Präsident und wurde von Walter Kielholz ersetzt, den Gut, auch bei der Swiss Re als Vizepräsident der entscheidende Machtfaktor, dort als Mühlemanns Nachfolger installiert hatte. Vier Monate später war auch seine Zeit als CEO abgelaufen. Gut warf Mühlemann später eher unschweizerisch nach, er sei eine «Enttäuschung» gewesen. Da blitzte wieder die harte Wall-Street-Sozialisierung auf: Diese Abrechnung gönnte sich der Patriarch.

Dabei hatte er alle grossen Fehlentscheide selbst initiiert: Er hatte für den Nicht-Banker Mühlemann den Bankprofi Ackermann vor die Tür gesetzt, er hatte den wilden Wheat installiert und die gescheiterten Grossübernahmen von DLJ und Winterthur abgesegnet.

Mühlemann hatte Guts Strategie nur umgesetzt. Aber das Sechs-Jahres-Abenteuer lohnte sich für ihn. Das Arbeitsleben liess er für immer hinter sich, aus der Öffentlichkeit tauchte er komplett ab. Auch das eine Konstante bis zum Schluss: Für die Schweizer zahlte sich die Zusammenarbeit mit den New Yorker Cowboys aus. Amerikanische Raubritter und Schweizer Karrieristen mit einmaligen Verdienstchancen – das war der spezielle CS-Cocktail.

4. One Bank

Ein neues Führungsduo übernahm: John Mack und Oswald Grübel. Der Amerikaner war schon in jungen Jahren eine fast legendäre Gestalt in der machohaften Welt der Investmentbanker. Der Sohn libanesischer Einwanderer war in North Carolina aufgewachsen und hatte sich bei Morgan Stanley, dem ewigen Rivalen von Goldman Sachs um die Krone der Wall Street, ganz nach oben gearbeitet.

In Krisenzeiten zog er die üblichen Abbauübungen rituell durch, was ihm zwangsläufig den Spitznamen «Mack the Knife» eingebracht hatte, an der Wall Street durchaus ein Gütesiegel. Bei firmeneigenen Karaoke-Anlässen intonierte er schon mal das gleichnamige Lied aus der «Dreigroschenoper» des deutschen Dramatikers Bertolt Brecht. Doch dann hatte sich Morgan Stanley mit dem Vermögensverwalter Dean Witter zusammengeschlossen, und Mack hatte den Machtkampf gegen den dortigen Chef Phil Purcell verloren und hingeschmissen.

Dass ihn die schlingernde Credit Suisse anstellen konnte als Ersatz für den wilden Wheat, war ein Signal: Wir wollen endlich seriös werden. Allerdings lag die Verhandlungsmacht bei ihm. Obwohl er es hasste, seinen Mitarbeitern länger laufende Garantien zu geben, forderte er angesichts des ramponierten Rufs der CSFB selbst einen Vertrag mit vergleichsweise langer Laufzeit: drei Jahre. Die Bezahlung war nicht transparent. Aber dass es ein satter zweistelliger Millionenbetrag war, war ein offenes Geheimnis.

Das Comeback von Oswald Grübel war noch bezeichnender. Er war in Guts Reich der Mann, der für Ordnung sorgen musste, wenn der

Patriarch mit seinen Personalentscheiden mal wieder danebengelegen hatte. «Jetzt wollen wir diesen Drecksladen mal aufräumen», soll er schon bei der Übernahme des Private-Banking-Geschäfts gesagt und den Bereich zügig wieder in satte Profitregionen geführt haben. Jetzt gab es noch viel mehr aufzuräumen.

Der Deutsche hatte seine prägenden Jahre in der Londoner City verbracht und war einer der wenigen europäischen Banker, die selbst den US-Investmentbankern Respekt einflössten – und das lag nicht nur an dem rauen Börsenjargon, den auch er bestens beherrschte. Vor allem: Anders als etwa sein Ziehvater Gut, der sich als veritabler Machtmensch schon früh vor allem mit Teppichetagen-Themen befasste, liebte er das Auf und Ab der Finanzmärkte und die Dramen in den Händlerräumen. Sie waren sein Lebenselixier.

Einen «finanziellen Triebtäter» nannten ihn selbst langjährige Börsenhändler bewundernd. Sein Risikobewusstsein war legendär. Fast 20 Jahre hatte er als Händler in der City gearbeitet, als Handelschef bei der CS hatte er per saldo in keinem Jahr Geld verloren. Er hatte sich sogar in den frühen 1990er Jahren lange vor der Konkurrenz ein ausgeklügeltes Informatiksystem zur Risikokontrolle bauen lassen. Ausreden hasste er. «Verantwortung ist nicht teilbar», bläute er seinen Spartenchefs ein – und das galt auch für ihn. Er installierte eine Kultur, die endlich Ruhe brachte: der CEO als oberster Risikomanager.

De facto war der Konzern zweigeteilt. Mack leitete das Investmentbanking von New York aus. Er fuhr jetzt morgens nicht mehr an den Times Square in die Morgan-Stanley-Zentrale, sondern an den CSFB-Sitz an der Madison Avenue. Und Grübel war der starke Mann in der Zentrale am Paradeplatz. Doch Co-Chefs mochten auf Spartenebene funktionieren, aber für einen globalen Finanzkonzern waren sie keine gute Idee. Und mit zwei extremen Alphatieren schon gar nicht.

Mack bezeichnete Wheats Investmentbank offen als Casino und reduzierte die Risikopositionen deutlich. Das senkte den Ertrag, und weil das Geschäft nach der gigantischen Dotcom-Party ohnehin brachlag, lieferte er schlechte Zahlen nach Zürich. Im

Verwaltungsrat sassen zwar keine Banker, doch das Grummeln im Kontrollgremium nahm zu - genauso wie bei Mack selbst. Aus seiner Abneigung für die aus seiner Sicht ahnungslosen Schweizer machte er keinen Hehl. «Ich habe mehr Geld als ihr alle zusammen», soll er einmal nach einer erhitzten Verwaltungsratssitzung gerufen haben.

Grübel soll ihn zur Seite genommen haben: Die Verwaltungsräte hätten vielleicht keine Ahnung vom Banking, aber mit dem Vermögen könne er sich bei den Schweizern täuschen - da sitze viel altes Geld. Zwar hatte der Zementmilliardär Thomas Schmidheiny gerade den Verwaltungsrat verlassen, aber der Industrieerbe Thomas Bechtler etwa war noch immer dabei. Sich wirklich einlassen auf die Schweizer wollte Mack nicht, schon die Besuche in Zürich waren ihm ein Gräuel. Da taugte auch der firmeneigene Jet, auf den er bei seiner Anstellung bestanden hatte, kaum zur Gemütsaufhellung. Für ihn drehte sich die Welt um Amerika, genauer: New York. Alles andere war Provinz.

Mack hatte zudem keine Hausmacht. Eigene Leute installierte er nicht, auch weil er keine fand - das Image der CS war einfach zu angeschlagen. Selbst einen seiner wichtigsten Leutnants, der später eine Schlüsselrolle im CS-Drama spielen sollte, konnte er nicht überzeugen: Colm Kelleher. Mack hatte den Iren, der 1989 zu Morgan Stanley gestossen war, immer gefördert.

Bei seinen Besuchen in London hatte Mack eine Kultur gepflegt, die auch Kelleher später in seinen langen Jahren bei Morgan Stanley praktizieren sollte. Er schritt durch die Händlerflure, interessierte sich für die Mitarbeiter, motivierte sie. Die beiden fanden schnell einen Draht zueinander. Mack machte Kelleher zum Verkaufsleiter des europäischen Anleihengeschäfts. Er wollte ihn zur CS lotsen. Doch Kelleher blieb lieber, vor allem aus Loyalität zu seiner Firma. Aber dass die CS für seinen Geschmack zu viel Cowboy-Attitüde versprühte, spielte auch eine Rolle.

Mack trennte sich von allen «Wheat Boys» - bis auf Dougan. Zwar gab es immer wieder Gerüchte, dass auch der Mann aus Illinois gehen würde, doch er hielt in London die Stellung, abseits von der New Yorker Zentrale. Mack gewann langsam das Zutrauen des akribischen Arbeiters. Dass Dougan auch zur anderen Seite der Bank einen guten Draht pflegte, war hilfreich. Grübel hatte in London als Handelschef eng mit ihm zusammengearbeitet und war von dessen Zahlenverständnis beeindruckt.

Als Macks Vertrag nach drei Jahren auslief, hatte beiden Seiten kein Interesse mehr an der Verlängerung: Der Vorrat an Gemeinsamkeiten war zusammengeschmolzen, und Macks Herz hing noch immer an seinem alten Haus Morgan Stanley. Dort geriet der Mann, der ihn ausgebootet hatte, immer stärker in die Krise.

Es war ein ähnlicher Fall wie bei Mühlemann: Purcell war ein kopflastiger Technokrat ohne Praxiserfahrung, ebenfalls von McKinsey. Macks Truppen forderten die Rückkehr ihres einstigen Anführers, und so kam es dann auch: Er verliess die CS und übernahm kurz danach den Chefposten von Morgan Stanley. Kelleher holte er von London in die Zentrale nach New York. Drei Jahre später sollte die Finanzkrise losbrechen – und das irisch-amerikanische Duo das Geldhaus retten.

Grübel war jetzt alleiniger CEO, Dougan stieg zum Chef des Investmentbankings auf. Was von Mack jedoch blieb: eine noch stärkere Amerikanisierung der Bonuspolitik. Mack hatte über alle die Jahre so gut verdient, dass er eine für Schweizer Verhältnisse irre Zahl anstrebte: Er wollte es als Angestellter zum Einkommens-Milliardär schaffen. Er war schon nah dran: Auf etwa 800 Millionen Dollar wurden seine Einnahmen in seinen bis dahin fast 40 Berufsjahren geschätzt. Bei seinem Abschied, so raunten sich die Führungskräfte zu, habe er noch mal richtig abkassiert: Es war offenbar Teil seines Deals mit Mühlemann, dass er den von ihm so geliebten Firmenjet behalten konnte. Er soll ihn zu einem guten Preis verkauft haben. Bestätigen liess sich diese Information nicht.

Diese Bonanza-Stimmung übertrug sich auf alle: Unter der Ägide von Kielholz lancierte die Bank ein Bonusprogramm mit dem schönen Namen PIP – «Performance Incentive Plan». Neben den Chefs erhielten etwa 300 Führungsleute den Bonusturbo, der zum aggressivsten Bezahlprogramm Europas avancieren sollte. Das Programm offenbarte die Absurdität derartiger Vereinbarungen: Ausgegeben im Jahr 2005, liess sich eine Einheit des Bonusprogramms in den Maximalwert von neun CS-Aktien wandeln, wenn der Kurs in dem eng definierten Zeitfenster von Januar bis März 2010 den Wert von 90 Franken erreichte. Lag er tiefer, gab es weniger. Erst bei einem Kurs von 30 Franken waren die PIPs wertlos.

Auch der Verwaltungsrat erhöhte seine Honorare. Besonders für Präsident Kielholz lohnte sich das Mandat, das er eher zögerlich angetreten hatte - seine Herzensfirma war die ruhigere Swiss Re, die er einst als CEO geführt hatte und bei der er noch immer als Vizepräsident im Verwaltungsrat sass. Für sein 60-Prozent-Pensum bei der CS bezog er etwa im Jahr 2006 gegen 16 Millionen Franken - es war die Boomphase vor der Finanzkrise, als sich die Politik noch nicht in grossem Stil über überrissene Lohnpakete aufregte.

Das war ein Segen für den Stadtzürcher HSG-Absolventen, denn nur wenige Jahre später wäre er selbst in der liberalen FDP mit einem derartigen Turbolohn heftig in die Kritik geraten. Kielholz war der politischste Kopf auf dem CS-Präsidentensessel der letzten Jahrzehnte: Er war einer der Drahtzieher des 2004 neu gegründeten Clubs «Freunde der FDP», auch bei der Lancierung des Thinktanks Avenir Suisse war er eine treibende Kraft und Präsident des Stiftungsrats. Er vertrat die Positionen des weltoffenen Liberalen - gegen Abschottung und für eine pragmatische Haltung gegenüber der EU. So wurde er zum Feindbild des bekanntesten Schweizer Politikers, der die CS fortan als Hochburg des FDP-Filzes geisseln sollte: Christoph Blocher.

CEO Grübel sah sich das entspannt an, machte aus seiner Anti-EU-Haltung jedoch nie einen Hehl und schätzte den hemdsärmeligen Blocher. Mehr als eine Zweckgemeinschaft bildete das Verhältnis zwischen ihm und Kielholz nie: Grübel sah in Kielholz einen Versicherungsmann ohne grosse Bankerfahrung, Kielholz in Grübel einen eindimensionalen Händlertypen. Doch in Sachfragen hatte Grübel das Sagen. Als Kielholz ihn etwa zum Kauf der niederländischen Grossbank ABN Amro drängen wollte, blockierte Grübel. Retail- und Kreditgeschäft im EU-Raum? Mit ihm nicht zu machen. Kielholz zog den Plan zurück.

Es folgte die ruhigste Phase in der tumultartigen Geschichte der Grossbank seit dem Angriff auf die Wall Street zwei Jahrzehnte zuvor. Die Märkte hatten sich vom Crash erholt, und Grübel hatte die Risiken im Griff. Da blieb Zeit für Grundsätzliches.

Nach dem Abgang Macks und der lähmenden Zweiteilung der Bank setzte der Konzernchef auf volle Integration. Informationstechnologie, Personal, Einkauf oder Rechtswesen wurden bis dahin nicht zentral geführt, die Mitarbeiter waren selbst in der gleichen Stadt auf verschiedene Standorte verteilt. Jetzt galt: One Bank.

Ein entscheidender Pluspunkt davon: Auch die zentrale Risikofunktion wurde gestärkt. Wie schon früher in London, so installierte Grübel jetzt auch konzernweit ein System, das der Konzernleitung einen Gesamtüberblick über die grössten Risiken verschaffte. Und der oberste Risikomanager war er selbst. Er setzte sich sogar in den Handelsausschuss, um alle wichtigen Positionen zu kontrollieren. Wenn ein Händler nicht vorbereitet war, wurde es ungemütlich.

Und tatsächlich: Der längst ramponierte Name «First Boston» wurde endlich beerdigt. Aber die spezielle Vergangenheit lebte dennoch im Logo fort: Zwei blaue Segel standen vor dem geschwungenen Credit-Suisse-Schriftzug und sollten die Bank erfolgreich über das Börsenmeer gleiten lassen.

In der Schweiz war das Erstaunen gross: Eine Segelnation war das Bergland nicht, und wenn denn eine Bank auf Segelsymbolik hätte setzen können, dann die UBS. Sie war Sponsor des Genfer Alinghi-Teams um den Pharma-Milliardär Ernesto Bertarelli, der 2003 das Prestigerennen America's Cup gewonnen hatte. Doch sie setzte bei ihrem Logo weiterhin auf die drei Tresorschlüssel des einstigen Basler Bankvereins.

Woher also die Segel bei der CS? Die Aufklärung lag in den USA: Die neuen CS-Symbole sollten an die ersten Schiffsfinanzierungen der First Boston erinnern. So weit hatten sich die Amerikaner in die DNA des Schweizer Traditionshauses vorgearbeitet.

Seine Jahre in den Handelsräumen hatten Grübel gelehrt: Die Rückkoppelung seiner Aktionen mit den Märkten war elementar. Timing ist alles: Danach lebte der langjährige Börsenhändler auch als Konzernchef. Dass er etwa die Winterthur wieder abstossen wollte, war von Anfang an unbestritten. Doch er wartete, bis sich die Märkte erholt hatten, und verkaufte dann 2006 zum Rekordpreis von 12,3 Milliarden Franken an die französische Axa. Seine Handlungen richtete er nach dem Einfluss auf den Aktienkurs aus. Kapitalerhöhungen etwa, die den Gewinn auf noch mehr Aktien verteilten, waren für ihn eine Todsünde.

Ein Überbleibsel gab es jedoch aus der Dotcom-Ära: Ab 60 galten die Chefs als zu alt, und Grübel, Jahrgang 1943, würde 2008 das reguläre Schweizer Pensionsalter von 65 Jahren erreichen. Und weil es gut lief, wollten sich auch die Verwaltungsräte ihren Anteil an der Erfolgsstory zuschreiben lassen und sendeten erste Signale für eine Wachablösung.

Dass Grübel von ihrer Bankkompetenz kaum mehr hielt als Mack, war intern ein offenes Geheimnis. Selber wie so viele Banker in das Kontrollgremium einzutreten, war sowohl für ihn als auch für Kielholz eine Horrorvorstellung. Ein klassischer Karrierebanker war er eben nie. Er wollte Geld verdienen - für sich, seine Schlüsselmitarbeiter und die Bank.

Und das verlieh ihm sein hohes Ansehen bei den Mitarbeitern. Er befolgte die zwei wichtigsten Grundregeln für die erfolgreiche Führung einer Bank: die Risiken im Griff behalten - und den Bonuspool üppig auffüllen. Zudem strahlte er nach den Sanierungsjahren eine gewisse Lockerheit aus. Wenn er vor Kunden oder Medien auftrat, waren ihm Manuskripte ein Gräuel. Lieblingssottisen behielt er sich zwar für die kleinen Runden vor («Das Leben ist zu kurz, um Gefangene zu machen»). Doch auch vor grösserem Publikum wurde die Mischung aus Klartext, Sarkasmus und Börsenweisheiten Kult.

Am Job klebte er nicht, seine Handelsschirme hatte er auch in seiner Wohnung in Wollerau im steuergünstigen Kanton Schwyz und in Spanien installiert, darauf freute er sich. Aber es war seine letzte Mission: seinen Nachfolger selbst bestimmen.

Und auch hier war Timing wieder alles. Das Jahr 2006 war so gut gelaufen, dass es bald bergab gehen musste, daran hatte Grübel keine Zweifel. Also informierte er Anfang Dezember Kielholz, der sich mit der Nachfolgesuche noch etwas Zeit lassen wollte, über

Ungleiches Duo
Oswald Grübel (l.), Walter Kielholz

seinen Abgang. Der Präsident war überrumpelt. Man einigte sich auf die Nachfolge-Ankündigung bei der Bilanzpressekonferenz im Februar 2007.

Wegen des kurzen Zeitraums war eine externe Suche kaum möglich, gleichzeitig stieg die Bedeutung von Grübels Beurteilung – er kannte die internen Kandidaten am besten. Er warnte den Verwaltungsrat vor schweren Zeiten, die einen Bankprofi erforderten. Er nannte zwei Kandidaten als Favoriten: Brady Dougan – und den Schweiz-Chef Ulrich Körner, einen Zahlenmenschen, der Grübel mit seiner Analyseschärfe und No-Nonsense-Mentalität beeindruckt hatte.

Chancenlos blieb ein Mann, der sich die Leitung des Bankkonzerns durchaus zugetraut hatte und gern zum Zug gekommen wäre: Urs Rohner. Der Zürcher hatte mehrere Jahre nach dem Jurastudium als Anwalt bei der renommierten Zürcher Kanzlei Lenz + Staehelin gearbeitet und war dann überraschend Chef des Fernsehsenders ProSiebenSat.1 in München geworden.

Rohner hatte in seiner Anwaltszeit auch Kontakt mit dem damaligen CS-Patron Rainer E. Gut gehabt, da war das Entrée zum aktuellen Präsidenten Walter Kielholz einfach. Der versprach ihm höhere Weihen. Rohner hatte 2004 als Rechtschef begonnen. Grübel war froh gewesen über den scharfsinnigen und verhandlungsstarken Juristen.

Doch mehr als einen hochkompetenten Rechtschef sah Grübel in ihm nicht. Dazu fehlte dem Quereinsteiger einfach die Bankerfahrung. «Es darf nie wieder passieren, dass ein Nicht-Banker die Bank führt», hatte Grübel nach dem Mühlemann-Absturz verfügt. Sein Signal an den ehrgeizigen Juristen, so war aus seinem Umfeld zu vernehmen: Urs, treibe es nicht zu weit.

5. Verpasste Zeitenwende

Brady Dougan war die richtige Wahl. Wie Grübel stammte auch er aus einfachen Verhältnissen und hatte sich in der raubeinigen Händlerwelt nach oben gearbeitet. Aufgewachsen war er in dem grauen Industriestädtchen Murphysboro in der Nähe von Chicago, sein Vater war Eisenbahner, wie schon der Vater und der Urgrossvater.

Doch er durchbrach die Tradition, studierte in Chicago Ökonomie und holte sich dort einen Master in Finanzwesen – Zahlen waren sein Element. Als er bei Bankers Trust begann, hoben die Derivate gerade ab, und Dougan stieg voller Elan in den Handel mit den Hochrisikopapieren ein. Allen Wheat erkannte das aussergewöhnliche Gespür seines Landsmanns und nahm ihn 1990 mit zur CS.

Als Dougan im Mai 2007 den Chefposten übernahm, hatte er den unrühmlichen Abgang seines Ziehvaters noch vor Augen. Er wusste: Wenn er die operativen Risiken nicht im Griff hätte, drohte ihm das gleiche Schicksal wie Wheat.

Sein Zahlengedächtnis war legendär. Wenn er einem Problem auf den Grund gehen wollte, gab er sich nicht mit den Zusammenfassungen seiner Untergegebenen zufrieden. «Gebt mir alle Daten, die ihr habt», sagte er und zog sich für ein paar Stunden zurück, um dann mit einer Lösung zu kommen. «Der kannte jede Zahl» waren die Spartenchefs beeindruckt.

Für ihn galt wie für Grübel: Der CEO ist der erste Risikomanager. Alle zwei Wochen veranstaltete er eine Telefonkonferenz mit den Verantwortlichen der grössten Risikopositionen, über die Hierarchiestufen hinweg. Bei heiklen Fällen ging er jeden Posten einzeln durch. Wenn er auch etwas weniger raubeinig auftrat, so waren seine bohrenden Fragen bei den Händlern genauso gefürchtet wie jene Grübels. Dougan war die seriöse Version von Wheat.

Dazu kam ein asketischer Lebensstil. Nach dem Chiasso-Skandal hatte die Bankführung zur Beziehungspflege ein Weihnachtsessen eingeführt, das für die Pressegemeinde zum Highlight des Jahres aufgestiegen war. Da konnte die UBS nicht mithalten. Jedes Jahr Anfang Dezember wurden im bankeigenen Hotel Savoy, direkt neben dem CS-Hauptsitz am Paradeplatz und architektonisch fast so einnehmend, beste Bordeaux serviert. Für den Digestif bot eine eigens installierte Bar edles Hochprozentiges. Unter Mühlemann und Grübel waren die Abende lang, beide zogen genüsslich an den Zigarren.

Dougan setzte die Tradition fort, doch statt des obligaten Rindsfilets für die Medienleute stellte ihm das Personal einen Gemüseteller auf den Tisch. Alkohol war des Teufels: Coke Zero statt Château Margaux. Er hielt seine kurze Pflichtrede, bei der er den Journalisten auszeichnete, der den Aktienkurs des Vortages zwölf Monate zuvor am besten geschätzt hatte. Gegen 20.30 fiel der obligate Satz «I guess I am gonna call it a night», und er verliess den Saal schnellen Schrittes. Getrunken wurde weiter, aber ohne ihn.

Legendär waren auch seine frühmorgendlichen Joggingrunden, von denen er aus seiner Mietwohnung in Erlenbach an der Zürcher Goldküste aufbrach. Manchmal lud er Kollegen ein, und gern zog er am Ende an, um noch etwas Wettbewerbsgeist einzubringen. «Er liebt es, in der Steigung das Tempo zu erhöhen und zu schauen, ob man nachkommt», berichtete ein Mitstreiter. Das war seine Form, um ein Zusammengehörigkeitsgefühl zu kreieren.

Er fuhr einen Toyota Prius, und den Fotografen fiel auf, dass er zwei Jahre nach dem letzten Fototermin noch immer dieselbe rot gemusterte Krawatte zum grauen Anzug trug. Rastlos kreiste er um den Globus, sein Lebensmittelpunkt blieb aber weiter New York, wo er so oft wie möglich die Wochenenden verbrachte. Er wohnte mit seiner zweiten Frau, einer Professorin an der Universität Yale, im New Yorker Nobelvorort Greenwich im US-Bundesstaat Connecticut.

Dass die Bank so gut durch die Finanzkrise kam, war vor allem seinem Risikogespür zu verdanken. Während die UBS Subprime-Papiere in grossem Stil einlud, fuhr die CS bereits direkt nach Dougans Antritt Ende 2007 und Anfang 2008 ihr Engagement in den toxischen Immobilienpapieren zurück. Sie hielt diesen restriktiven Kurs bei, als alle noch glaubten, es handle sich nur um eine kurzfristige Delle. Nur ein Haus war ähnlich geschickt: Goldman Sachs, der Goldstandard des Risikomanagements.

Als der Sturm dann mit der Pleite des Wall-Street-Hauses Lehman Brothers im September 2008 richtig losbrach, zählte die Bank zu den wenigen Gewinnern. Sie brauchte keine Staatshilfe wie die UBS und konnte damit der Schmach einer Rettung durch die Regierung entgehen.

Doch auch sie konnte sich der Systemkrise nicht komplett entziehen, und so setzte sie wie in der Krise 1990 wieder auf frisches Kapital aus exotischen Gefilden: Das Scheichtum Katar schoss zehn Milliarden Franken ein und stieg mit einer Beteiligung von neun Prozent zum grössten Einzelaktionär auf. Die saudische Olayan Group, in der Krise zwei Jahrzehnte zuvor eingestiegen, kontrollierte als zweitgrösster Aktionär sieben Prozent der Stimmrechte.

Das Selbstbewusstsein trugen die CS-Banker offen zur Schau. Ihre Manager scherzten, sie wollten die UBS nur deshalb nicht übernehmen, weil man nicht auf Krankenwagen schiesse. Und auch die grossen Skandale der Folgejahre überliess die CS dem ewigen Konkurrenten: Mehrere Banken hatten schon vor der Finanzkrise den Referenzzinssatz Libor manipuliert, die UBS war an vorderster Front dabei und musste im Jahr 2012 1,5 Milliarden Franken Busse zahlen. Drei Jahre später waren mehr als 500 Millionen Dollar für Devisenmanipulationen fällig. Die CS war beide Male nicht dabei. Der Schmuddelknabe war die UBS.

Der akribische Zahlenmann Dougan hatte die CS zu einem Musterschüler im Risikomanagement gemacht. Der Kurs stieg Ende 2009 auf fast 70 Franken. Dougan und die CS waren ganz oben.

Den Wechsel seines Präsidenten nahm er da eher gleichmütig hin. Kielholz, als Vizepräsident auch noch immer der starke Mann bei der Swiss Re, hatte dem Rückversicherer eine aggressive Wachstumsstrategie verordnet und dort sogar einen Investmentbanker als CEO installiert. Durch die Finanzkrise geriet seine Herzensfirma in eine akute Schieflage. Kielholz übernahm das Präsidium und legte jenes bei der CS nieder, blieb aber noch fünf Jahre normales VR-Mitglied. Die Häme seines Erzfeindes Blocher blieb nicht aus: Er habe sich wohl zu viel um die Politik und zu wenig ums Geschäft gekümmert.

Gelohnt hatten sich die sechs Jahre auf dem CS-Präsidentenstuhl allemal: Für das nichtexekutive Teilzeitpensum hatte er laut Geschäftsberichtsangaben kumuliert 64,5 Millionen Franken bezogen. Auch ihn hatte die CS reich gemacht. Es war systemisch. Der schweizerisch-amerikanische Bankhybrid hängte eben besonders dicke Würste an die Stange. Und da bissen alle zu - auch Manager wie Kielholz, die sich nach aussen so wertgetrieben gaben.

Urs Rohner hatte nach der Schlappe im Rennen um den CEO-Posten den Präsidentenposten ins Visier genommen, Kielholz hatte ihm ja schon früher diese Option signalisiert. Doch er durfte nicht sofort Präsident werden, offenbar trauten die Aufseher dem Nicht-Banker so kurz nach der Finanzkrise die Oberleitung des Bankkonzerns noch nicht zu. So wurde mit dem CS-Veteranen Hans-Ulrich Doerig ein Übergangsmann installiert. Als dieser dann plötzlich zu viel Spass an seinem neuen Amt bekam, schoben ihn Kielholz und Rohner nach zwei Jahren zur Seite.

Die neue Konstellation an der Spitze war ein Kardinalfehler aus dem Lehrbuch: Rohner war Chef eines Mannes, dessen Job er selbst nicht bekommen hatte, weil es ihm an Fachkompetenz - vor allem im Investmentbanking - fehlte. Dass ihn Dougan als Banker nicht ernst nahm, zeigte sich rasch: Der Investmentbanker baute einfach seinen Bereich immer weiter aus. Die Macht lag weiter unangefochten beim CEO.

Der Anfang von Dougans Abstieg war dann bezeichnend für die spezielle Kultur der CS. Im Frühjahr 2010 kamen die vom Verwaltungsrat abgesegneten Turbopapiere namens PIPs zur Auszahlung, und es geschah Wundersames: Dougan hatte Anrechte auf 72 Millionen Franken kumuliert, dazu kam nach dem guten Jahr noch ein Lohnpaket von 18 Millionen Franken. Es war schlicht eine Wette, die für den Ex-Derivatehändler aufgegangen war – die CS hatte ihre Casino-Mentalität auf ihre Bezahlung übertragen. Der Kurs hatte in den entscheidenden ersten drei Monaten des Jahres einen Durchschnittswert von mehr als 50 Franken erreicht. Jetzt klingelte die Kasse richtig.

Ein Lohnpaket von 90 Millionen hatte noch nie ein Banker in Europa bezogen, und das zwei Jahre nach der Finanzkrise. Dougan wurde vor allem in der Schweiz zum Zerrbild des Gier-Bankers. Dass der asketische Workaholic mit dem Geld gar nichts anzufangen wusste, war da nebensächlich. Das Geld war ein Orden, auf den er nicht verzichten wollte. «Das hätte man anders regeln sollen», sollte Kielholz noch im Juni 2023 in seinem ersten grossen Interview nach dem CS-Untergang im «Tages-Anzeiger» sagen.

Es war eine geschickte Verwedelung. Denn wer war «man»? Die Turbo-Boni waren unter seiner Ägide eingeführt worden, und bei der Auszahlung war er gerade als Präsident abgetreten und ein hocheinflussreicher Verwaltungsrat geblieben. Doch der Mann, dem angeblich der soziale Kitt der Schweiz so am Herzen lag, schritt nicht ein.

Dougan bezog das Geld, im Windschatten des Aufruhrs kassierten auch andere Manager üppige zweistellige Millionenbeträge. Nur der Gottvater des Programms ging leer aus. Oswald Grübel hätte durch das Programm Anrechte auf etwa 110 Millionen Franken gehabt. Doch er war 2009 als Feuerwehrmann bei der UBS als CEO eingestiegen und hatte die Anrechte, deren wundersame Wertvermehrung damals noch nicht abzusehen war, gegen UBS-Papiere getauscht. Dort bezog er als neuer Chef nur zwei Millionen Franken in Cash. Es war das schlechteste Geschäft seines Lebens.

Dougans Image in der Schweiz war trotz seiner erfolgreichen Navigation durch die Finanzkrise zerstört. Er wehrte sich auf seine Weise. Zwar demonstrierte er in seinem Büro in Zürich Swissness: Ein Bild zeigte den schmucken Bachalpsee im Berner Oberland vor dem Hintergrund des Finsteraarhorns. Doch als ihm ein Jahr nach der Rekordauszahlung das «Magazin» des «Tages-Anzeigers» eine einfache Frage zu seinem Gastland stellte, nutzte er die Chance für eine spezielle Replik.

Wie viele Bundesräte es gebe, fragte ihn der Interviewer. Nun mochte das Schweizer System mit seinem austarierten Machtgefüge und jährlich wechselnden Präsidenten für Ausländer schwer zu durchdringen sein. Aber dass die Landesregierung sieben Mitglieder zählte, dürfte auch Dougan nicht verborgen geblieben sein, immerhin stand er als CEO der Traditionsbank in regelmässigem Austausch mit den Vertretern aus Bern. «Acht?», fragte er dennoch zurück. Es war seine Botschaft an die Schweizer nach all der heftigen Kritik: Lasst mich in Ruhe.

Interessant dabei: Der neue Präsident Urs Rohner, damals gerade zwei Wochen im Amt und selbst ein akribischer Polierer eigener Aussagen, sah das Interview vor der Veröffentlichung. Er liess es geschehen.

Doch die Einschüsse kamen plötzlich von einer anderen Seite, abseits vom operativen Geschäft, und das überforderte Dougan. Da waren zum einen die Regulatoren. Nach der Jahrhundertkrise verschärfte die globale Finanzgemeinde die Kontrollen, der Druck aus der Politik war enorm. Besonders für Schweizer Parlamentarier war die UBS-Staatsrettung ein Sündenfall.

Die globalen Regulierungsregeln wurden in Basel bei der Bank für Internationalen Zahlungsausgleich festgelegt, die neuste Runde verschärfter Vorschriften firmierte dann auch unter dem Namen «Basel III». Doch die Schweiz war eben besonders tugendhaft: Sie erliess ein sogenanntes Swiss Finish mit noch schärferen Kapitalregeln.

Es war Teil eines aufwendig erstellten Pakets, das eine stattliche Zahl von Theoretikern in einer eigens geschaffenen «Too big to fail»-Kommission ausgearbeitet hatte - einmalig auf der Welt. Bank Runs gab es, seit es Banken gab, und niemand hatte das Problem bisher gelöst. Jetzt sollte Schweizer Gründlichkeit helfen. Alles stand unter dem Motto: Never again - das sollte die CS auch in ihren letzten Monaten schmerzhaft erfahren.

Dougan, der sein Team zum Grossteil aus New York führte, pendelte zwischen zwei Welten: Dem schnellen Aufschwung nach der Finanzkrise in seiner Heimat, wodurch die amerikanischen Banken, die die globale Wirtschaft überhaupt erst an den Abgrund geführt hatten, zu neuen Höhenflügen ansetzten. Und der Tristesse in Europa, wo sich die Genesung viel länger hinzog - und die Regulatoren deutlich schärfer vorgingen. Die Flaute zeigte sich im Aktienkurs: Er war Mitte 2012 auf trübselige 15 Franken gefallen.

Der Hauptgrund für den Einbruch, so Dougans Mantra, sei die mangelhafte Umsetzung der neuen Basel-III-Vorschriften durch die amerikanischen Konkurrenten. Diese glaubten noch immer an eine Verwässerung, und der Markt teilte diese Einschätzung. Die CS dagegen habe alle Vorschriften als erste Bank der Welt umgesetzt, und wenn die Rivalen folgen müssten, würde der Kurs zwangsläufig steigen. Dougan bot sogar Wetten an, dass die Amerikaner bis 2013 die neuen Basel-III-Regeln anwenden würden. Er war der einzige Bankchef der Welt, der die Umsetzung scharfer Vorschriften herbeisehnte.

Und es stimmte ja: Die CS hatte ihren Vorsprung durch die Finanzkrise genutzt und sich plötzlich in einer ungewohnten Rolle positioniert - als Musterknabe der Regulierung. Doch selbst hier kam ihre spezielle DNA wieder zum Vorschein. Die chronische Kapitalschwäche existierte weiterhin, und da brauchte es findige Lösungen.

Es war der ehemalige Risikochef Wilson Ervin, der die Idee der sogenannten «Cocos» lancierte. Diese «Contingent Convertibles» waren Anleihen, die sich bei einem Absinken des Kapitals unter eine bestimmte Schwelle in Eigenkapital umwandeln liessen. Der Vorteil: Es brauchte keine Kapitalerhöhung, die den Kurs in den Keller getrieben hätte.

Im Markt wurde die neue Kapitalklasse jedoch skeptisch gesehen: Die Amerikaner liessen die Hände davon, und auch die UBS wollte unter dem einstigen Dougan-Förderer Grübel nichts davon wissen. Doch die CS setzte sich mit diesen neuartigen Produkten an die Spitze - und das sollte sich in den schicksalhaften Tagen vom März 2023 rächen: Keine Bank in Europa hatte so viel von diesen Anleihen ausstehen, die man jetzt nicht mehr Cocos, sondern «AT-1» nannte: «Additional Tier-One». Sie sollten ein gefundenes Fressen für die Finma werden - und die UBS.

Es war die Nationalbank, die sich in einem ungewöhnlichen Schritt den Kapitalspielchen entgegenstellte. Stets im Juni veröffentlicht sie ihren Bericht zur Finanzstabilität, doch die Botschaft war nie so heftig wie im Jahr 2012. Der böse Befund für die CS: Ihr habt zu wenig hartes Eigenkapital - und ihr müsst bis Ende Jahr mehr davon aufbauen.

Sogar das Schreckenswort, das Banker gemeinhin selbst unter Androhung der Todesstrafe nicht in den Mund nehmen, sollte in dem Bericht auftauchen: Kapitalerhöhung. Denn es war - wie von Dougan befürchtet - eine Garantie für den Aktieneinbruch. So kam es dann auch: Um mehr als zehn Prozent rauschte der Titel am Tag der Veröffentlichung des Berichts in die Tiefe, mehr als zwei Milliarden Franken Börsenwert verdampften.

Es war ein direkter Angriff auf Dougans Strategie - und er schoss ungewohnt scharf zurück. «Ich bin enttäuscht von der Nationalbank», schäumte er in der «SonntagsZeitung» und brach damit mit seinem ehernen Grundsatz, nie auf Konfrontationskurs mit den Regulatoren zu gehen.

Dass Grübel als UBS-Chef oder J.P.-Morgan-Lenker Jamie Dimon offen gegen schärfere Vorschriften wetterten, hatte Dougan immer für einen grossen Fehler gehalten - ein Krieg, der nicht zu gewinnen war. Doch jetzt zog er selbst in den Krieg. Er habe den «Revolver am Kopf», titelte sein Heimblatt «Wall Street Journal». Am Ende blieb nichts anderes als die verhasste Kapitalerhöhung - die einzige in Dougans Amtszeit. Er konnte immerhin sagen, dass sie nicht freiwillig war.

Und dann gab es noch eine zweite Front, die mindestens so gefährlich war wie der Regulatorendruck. Mit dem Ende der Finanzkrise gingen die Amerikaner unter Präsident Obama, von leeren Staatskassen getrieben, scharf auf Steuerflüchtlinge los. Die Schweiz mit ihrem mehr als 80 Jahre alten Exportschlager namens Bankgeheimnis war da ein besonders lukratives Ziel.

Dass die Banken über Jahrzehnte auf Schwarzgeld aus dem Ausland gesetzt hatten, war die Grundlage ihres Reichtums, mit dem sie die teuren Ausflüge ins Investmentbanking überhaupt erst finanzieren konnten. Dougan wurde sogar zu einem Hearing vor dem Kongress vorgeladen, zusammen mit dem neuen Rechtschef Romeo Cerutti.

Dass da auch eine gehörige Portion Doppelmoral im Spiel war, liess der Amerikaner intern schon mal aufblitzen - in der amerikanischen Steueroase Delaware liess sich Geld mindestens genauso gut verstecken wie in der Schweiz. «Weil sie es können», antwortete Dougan nur auf die Frage, warum seine Landsleute so aggressiv auf die Schweizer Banken losgingen. Hier war eben am meisten zu holen: Die Schweiz war politisch ein Zwerg, aber in der Vermögensverwaltung Weltmarktführer.

Es war eine doppelte Zeitenwende: Wie die Regulatoren in Europa nach der Finanzkrise das Investmentbanking in der bisherigen Form nicht mehr akzeptierten, so waren auch die Gerichte vor allem in den USA gegenüber europäischen Banken deutlich ungnädiger. Und hier sollte es sich als heikel herausstellen, dass mit Rohner der frühere Chefjurist plötzlich Präsident war.

Rohner war ein schnell denkender Generalist mit Fachkenntnis in der juristischen Feindesbekämpfung - und er war sehr selbstbewusst. Frisch bei der CS hatte er zwei grosse Erfolgserlebnisse verbucht: Bei den Verhandlungen über die Pleite des Stromriesen Enron und bei der komplexen Auseinandersetzung um den Versicherer XL willigte er nicht in einen schnellen Deal ein und trieb beide Verfahren so lange weiter, bis er am Ende als Sieger dastand.

Dougan klammerte sich ans Investmentbanking, Rohner an die früheren Ruhmeszeiten - und beide sahen nicht, dass die alten Zeiten vorbei waren. Die Bank hielt an ihrer harten Linie fest: Der Rohner-Nachfolger Cerutti trat bei allen Verfahren als Hardliner auf. Mit überschaubarem Erfolg. Im Steuerstreit mit den USA musste die CS 2,6 Milliarden Dollar zahlen, fast drei Mal so viel wie die UBS, obwohl sie dort viel weniger Kunden hatte.

Besonders bitter: Die Bank musste sich in den USA als kriminelle Organisation schuldig bekennen. Es brauchte die Intervention von Regierung und Nationalbank, damit sich dieser «Guilty Plea» nicht zur Existenzkrise ausweitete. Es drohte der Lizenzentzug im wichtigsten Finanzmarkt der Welt, was de facto das Ende der Bank bedeutet hätte. So weit kam es dann nicht. Aber die CS stand bei den US-Behörden jetzt ganz oben auf dem Radar.

Dazu kamen all die Fälle aus den früheren Jahren, die allerdings erst später sichtbar wurden. Besonders der Fall des Genfer Mitarbeiters Patrice Lescaudron war verheerend: Er hatte über Jahre systematisch im Geschäft mit osteuropäischen Grosskunden betrogen, war 2015 aufgeflogen und hatte nach seiner Gefängnisstrafe Selbstmord begangen.

Doch obwohl die systemischen Verfehlungen und das Versagen der Vorgesetzten dokumentiert waren, griff die Bank zu ihrer ewigen Taktik: abstreiten, dagegenhalten, weiterziehen. Dem früheren georgischen Premierminister Bidzina Ivanishvili sprach ein Gericht in Singapur noch im Mai 2023 einen Schadenersatz von 930 Millionen Dollar zu. Ein früheres Einlenken hätte viel Geld gespart.

Dass Anfang 2015 dann doch Dougans Abschied verkündet wurde, war eine Art Ermüdungsbruch. Er verteidigte seinen Bereich bis auf die letzte Patrone. Besonders hilfreich: sein kongenialer Finanzchef David Mathers. Mit seinen unzähligen Tochterfirmen hatte der Brite ein byzantinisches Reich geschaffen, das vor allem ein Ziel hatte: das Investmentbanking vor dem Verwaltungsrat gut dastehen zu lassen, um einen Abbau zu verhindern. «Ich bin optimistischer als die Mehrheit», wiederholte Dougan bei seinen immer spärlicheren Medienauftritten fast mantraartig.

Dougan baute seinen Bereich sogar aus und unterstellte die Herzkammer der Traditionsbank, das Wealth Management, seinem Weggefährten Robert Shafir als Co-Chef. Rohner liess ihn gewähren, obschon ihn Weggefährten beknieten, Dougan zurückzubinden. Selbst sein Förderer Grübel liess keinen Zweifel daran, dass Dougan für die neue Phase der falsche Mann war.

Der Druck war weiter gestiegen, nachdem der neue Bankchef Sergio Ermotti bei der UBS eine Kehrtwende angeordnet hatte: Im Herbst 2012 hatte er mit seinem Programm «Accelerate» den radikalen Abbau des Investmentbankings verkündet, der Kurs zog um 20 Prozent an. Die Börse handelte die UBS mit dem Vierzehnfachen ihres Jahresgewinns, während die CS wegen ihres Investmentbanking-Malus beim Neunfachen stockte.

Als sich die beiden Chefs bei einer Investorentagung 2013 im noblen «Pierre» in Manhattan trafen, war die Differenz für alle sichtbar. «Eine einzigartige Franchise», waren die ersten Worte, mit denen Ermotti die Investoren begrüsste. Auf der ersten Seite pries er seine Vermögensverwaltung als «konkurrenzlos positioniert in den grössten und schnellstwachsenden Märkten der Welt». Das umstrittene Investmentbanking war nur noch ein Anhängsel. Ganz anders bei Dougan: Er schwärmte von seiner «fokussierten Investmentbanking-Strategie mit ihrem hohen Marktanteil und ihren Hochertragsgeschäften». Die Vermögensverwaltung, halb so gross wie bei der UBS? Nur ein Anhängsel.

Am Ende gab Dougan sogar zu, dass er die Dauer der Krise für die europäischen Banken unterschätzt hatte. Jedoch: Die operativen Risiken hatte er über all die Jahre im Griff gehabt, und die Zahlen sahen bei seinem Abtritt Mitte 2015 passabel aus. Der Halbjahresgewinn lag bei mehr als einer Milliarde Franken, der Börsenwert betrug anständige 42 Milliarden.

Dougan hatte die wildeste Grossbank der Welt gebändigt, weil er selbst der oberste Risikomanager war. Dann kam ein Mann, der noch nie in einer Bank gearbeitet hatte.

Beziehungsstatus angespannt
Brady Dougan (l.), Urs Rohner

6. Alles neu

Es war die wohl aufwendigste Chefsuche, die ein Schweizer Bankkonzern je betrieben hat. Neunzehn Mal, so sollte sich Tidjane Thiam später auf Aussagen Rohners berufen, habe ihn der Präsident zu Anwerbungsgesprächen getroffen, zwei Mal habe er abgesagt. Lange Spaziergänge führten die beiden ungleichen Männer - der Eliteschulen-Absolvent von der Elfenbeinküste und der Anwalt aus dem protestantischen Zürich - in London und Zürich. Thiam agierte sehr geschickt: Er spielte die Braut, die sich zierte. Gleichzeitig rang er Rohner aber die Zusage ab, dass dieser nur mit ihm verhandle.

Dass der Job für ihn hochattraktiv sein musste, stand ausser Frage: Die Credit Suisse war ein globaler Finanzkonzern, in allen Geldmetropolen stark vertreten, und sie bot mit mehr als zehn Millionen Franken ein Salär, dass ausser bei der UBS nirgends in Europa zu holen war. Selbst der nichtexekutive Präsident bezog ja mit mehr als vier Millionen noch ein Lohnpaket, das - wieder abgesehen von der UBS - seine Pendants neidvoll nach Zürich blicken liess. So viel gab es für derartige Jobs nicht einmal in den USA.

Es war der Londoner Headhunter MWM, der die beiden zusammengebracht hatte - Rohner setzte schon mit dieser Wahl ein Zeichen, dass er etwas Besonderes wollte, abseits der ausgetretenen Pfade. Ob die Personalfahnder aktiv auf Thiam zugingen oder ob sich Thiam selbst ins Spiel brachte, war nicht ganz klar - beide Versionen hatten Fürsprecher.

Sicher war: Thiam wollte weg vom eher trägen Versicherungsgeschäft und ins schneller getaktete Banking. Sechs Jahre war er jetzt Chef des britischen Versicherers Prudential, nach einem Jahr zuvor als Finanzchef und davor als Europa-Chef der Londoner Versicherung Aviva. Offenbar war er auch bei der britischen Grossbank Standard Chartered im Gespräch. Doch dort wollte man keinen Nicht-Banker.

Der Ex-Rechtschef Rohner dagegen suchte offenbar eine Ankündigung mit Wow-Effekt - und wohl nicht wieder einen eingefleischten Banker wie Dougan, der ihn fachlich nicht ernst nahm. Der Präsident liess sich in den Bann des Mannes von der Elfenbeinküste ziehen: international verdrahtet, präsidiale Aura, bei Bedarf sehr charmant. Er stammte aus einer Herrschaftsfamilie und war in jungen Jahren zwischen seiner Heimat und dem Zentrum der einstigen Kolonialmacht gependelt. Dass er nach einem Putsch einige Wochen unter Hausarrest stand, hatte ihn stark geprägt. Die Verbindung zu seinem Herkunftsland war tief.

Die Präsentation des neuen Chefs war Rohners Tag: seine endgültige Abnabelung von Dougan. Als der Präsident am 10. März 2015 den neuen Chef vorstellte, war die Überraschung gross. Ob er denn das Bankgeschäft verstehe, wurde Thiam gefragt. Er habe doch, so Thiam schnippisch, in seinen McKinsey-Jahren auch Banken betreut.

Zu seiner grossen Präsentation hatte Rohner extra den CS-Patriarchen Rainer E. Gut eingeladen. Der CS-Übervater schüttelte dem Neuen artig die Hand. Ein Jahr später sollte der Ehrenpräsident endgültig ausscheiden und sein Büro am Paradeplatz samt Sekretärin räumen. Doch die Familientradition blieb gewahrt. Rohner zog später den Sohn des Übervaters in das Kontrollgremium nach. Der Wirtschaftsprüfer Alexander Gut leitete eine Finanzboutique. Seine Kompetenz in der Leitung einer globalen Grossbank: praktisch null. Nach vier Jahren sollte er freiwillig ausscheiden.

Rohner setzte damit nahtlos die Tradition des schwachen Verwaltungsrats fort. Denn den Umbruch hatte er nicht nur an der operativen Bankspitze vollzogen, sondern auch im Kontrollgremium. Er hatte sich endgültig von seinem Förderer Kielholz abgenabelt - der FDP-Doyen schied ein Jahr vor Thiams Antritt zusammen mit Nestlé-Schwergewicht Peter Brabeck aus dem

Verwaltungsrat aus. Jetzt konnte sich Rohner an zentralen Stellen sein Team zusammenstellen. Doch er setzte nicht etwa auf erfahrene Banker. Es kamen Roche-Chef Severin Schwan als neuer Vizepräsident, ein ausgewiesener Pharma-Experte ohne vertieftes Finanzwissen. Oder der Silicon-Valley-Unternehmer Sebastian Thrun: eine Koryphäe für selbstfahrende Autos, aber kaum für marode Bilanzen. Er blieb gerade zwei Jahre. Erstmals in der Geschichte wurde die wohl wildeste aller globalen Grossbanken von zwei Nicht-Bankern geführt - und im Verwaltungsrat war die Bankkompetenz kärglich. Und die Aufseher von der Finma nickten alle Personalentscheide ab. Wenn nicht ein grober Aufsichtsrechtsverstoss vorlag, schritten sie praktisch nie ein. Personalpolitik, so ihr Mantra, sei nicht ihre Aufgabe.

Wenn ein Aussenstehender als neuer Chef eines verästelten Grosskonzerns antritt, benötigt er mindestens ein Jahr, um überhaupt die Abläufe zu verstehen. Thiam war zudem noch branchenfremd - und er hatte ausgerechnet die Credit Suisse übernommen.

Doch er fühlte sich seinem vermeintlichen Star-Image verpflichtet: Er wollte mit einem genialen Wurf die Skeptiker aus der Bankenwelt zum Verstummen bringen.

Die Parallelen zu seiner Übernahme des Prudential-Chefpostens waren offensichtlich, und sein Verhalten dort hätte bei der Rekrutierung ein Warnsignal sein können. Thiam hatte frisch an der Spitze auch gross gedacht und quasi im Alleingang Verhandlungen mit dem asiatischen Versicherer AIA aufgenommen. Er wollte den Konzern für 35 Milliarden Dollar übernehmen und stark auf Asien setzen.

Doch er hatte sich nicht genügend mit seinem Verwaltungsrat und den Aktionären abgestimmt. Den Investoren war das Risiko zu hoch und der neue Chef für einen so wagemutigen Deal zu unerfahren. Thiam musste die Übernahme absagen - eine heftige Schlappe, die noch lange an ihm nagen sollte. Aber das Signal war auch: Diesem Mann fehlte es nicht an Selbstvertrauen. Das sollte auch sein Förderer Rohner zu spüren bekommen.

Anders als Dougan nahm er sich keine Mietwohnung, sondern kaufte eine standesgemässe Villa in Herrliberg an der Zürcher Goldküste für mehr als zehn Millionen Franken. Dem Verkäufer fiel allerdings auf, dass Thiams Ehefrau bei der Hausbesichtigung nicht dabei war. Bei seiner Vorstellung hatte er noch von seiner Familie geschwärmt, der amerikanischen Frau und den beiden Söhnen. Jetzt kam er allein. Die Ehe war zerbrochen – der neue Job war für den 53-Jährigen auch privat ein Neuanfang.

Zwei Wochen nach seinem Antritt im Juli stand die erste Retraite mit der Konzernleitung an. Eigentlich war kein heftiger Einschnitt gefragt, Dougan hatte ja solide Zahlen hinterlassen. Rohner betonte denn auch die Kontinuität («Ein Strategiewechsel ist nicht vorgesehen») und formulierte die Anforderungen an den neuen CEO: «Unsere nächste Phase heisst Wachstum.» Thiam meldete artig zurück: «Die CS soll wieder wachsen.»

Den Mitgliedern der Konzernleitung fiel schnell auf, dass der neue Chef nicht aus dem Bankgeschäft kam. Das Versicherungsgeschäft war traditionell lokal. Durch die unterschiedlichen regulatorischen Vorgaben bildete selbst für global aufgestellte Konzerne jedes Land einen eigenen Markt mit eigenen Regelwerken, was zwangsläufig die Dezentralisierung befeuerte.

Doch bei einer globalen Grossbank? Die Regulatoren hatten nach der Finanzkrise zwar formal die Dezentralisierung gefördert, damit im Krisenfall die einzelnen Teile abtrennbar wären. Doch gerade das gefährliche Investmentbanking wurde noch immer zentral geführt, allein schon um die Gesamtrisiken sauber erfassen zu können. So machten es alle global tätigen Häuser von Goldman Sachs bis zur UBS.

Doch jetzt wollte Thiam bei der CS die Dezentralisierung aus der Versicherungswelt durchdrücken. Es kam zu ausführlichen Diskussionen in der Konzernleitung. Besonders Hans-Ulrich Meister, der als Chef des Schweiz-Geschäfts und des Wealth Managements fast die Hälfte der Bankerträge verantwortete und durchaus das offene Wort schätzte, kritisierte die Idee in den internen Strategiemeetings. Im Retail-Geschäft und bei Kunden bis zu etwa einer Million Franken Vermögen sei ein regionaler Ansatz sinnvoll, aber schon bei grösseren Vermögen nicht mehr. Und im Investmentbanking schon gar nicht und hochgefährlich. Thiam hörte sich alles an. Aber er änderte seine Meinung nicht.

Dann kam der grosse Tag – der 21. Oktober. Der einstige McKinsey-Mann hatte gleich drei Berater konsultiert: McKinsey für die Gesamtstrategie, Boston Consulting fürs Private Banking und Oliver Wyman fürs Investmentbanking. Die Beraterlogik durchzog den gesamten hochkomplexen Plan - die wenigen Veteranen, die noch die verhängnisvolle Mühlemann-Ära erlebt hatten, fühlten sich in die damalige Zeit zurückversetzt. Eigentlich hatten die Investoren auf ein zweites «Accelerate» gehofft, den radikalen Abbau des Investmentbankings, den die UBS drei Jahre zuvor verkündet hatte. Dafür war Thiam aus ihrer Sicht geholt worden, als Gegenpol zu dem eingefleischten Investmentbanker Dougan.

Doch auch Thiam musste sich schnell eingestehen: Die Einnahmen aus dem Geschäft waren zu wichtig, als vorrangiger Wealth Manager konnte die CS nie zur UBS aufschliessen. Und so blieb der Plan erstaunlich unausgegoren. Weniger Investmentbanking, hiess es zunächst, aber doch kein radikaler Abbau, eine stärkere Regionalisierung, aber trotzdem mit globaler Ausrichtung, eine Abspaltung des Schweiz-Geschäfts, aber ohne Schaffung von Doppelspurigkeiten. In der UBS-Chefetage war das Urteil schnell gefällt: Thiam tat alles, um sie nicht zu kopieren - und setzte dafür sogar auf eine untaugliche Struktur aus der Versicherungswelt.

Die Reaktion war für den erfolgsverwöhnten Manager ungewohnt harsch. «Die Credit-Suisse-Strategie überzeugt die Investoren nicht», titelte die «Financial Times». «Sie warteten auf den Big Bang. Sie bekamen ihn nicht.» Der Kurs fiel um sechs Prozent. «Ich verstehe Thiams Strategie nicht», betonte der Finanzanalyst Christopher Wheeler vom Londoner Brokerhaus Atlantic Equities stellvertretend für viele Kollegen. Es war eigentlich ein «Weiter so» - mit einer gewichtigen Änderung: Die von Grübel 2006 eingeführte One Bank war tot. Die Aushöhlung des Risikomanagements begann.

Nur für den Machtdurchgriff war die Struktur perfekt: Zwar pries Thiam die neue Struktur mit fünf Geschäftseinheiten als grosse Vereinfachung. Als Begründung nannte er vor allem die Abschaffung der Co-Chefs - das Investmentbanking hatte bis dahin sogar drei davon. Doch in dem ewigen Wettstreit zwischen Zentralisierung und Dezentralisierung, zwischen globalen Produktchefs und Regionalfürsten, war die Machtverteilung bislang geklärt gewesen: Die globalen Produktleiter hatten das Sagen.

Jetzt war alles unklar. Zwar waren die beiden Investmentbanking-Chefs weiter für den Handel und das Emissionsgeschäft verantwortlich, doch ausdrücklich nur in den USA und der Region EMEA (Europa, Middle East, Afrika). Die Schweiz wurde genauso verselbstständigt wie Thiams Wachstumskontinent Asien - inklusive des gefährlichen Investmentbankings. «Jeder meiner CEOs soll für sein Geschäft verantwortlich sein und zur Rechenschaft gezogen werden können», verfügte Thiam.

Die grösste Sparte mit Wealth Management und Schweiz-Geschäft zerschlug Thiam, der mächtige Spartenchef Hans-Ulrich Meister wurde von Bord geschickt. Anders als die UBS hatte die CS neu keinen globalen Wealth-Management-Chef mehr, sondern verzettelte den Bereich auf drei regionale Bereichsleiter.

Der Umgang mit Meister war auch ein Signal an die Konzernleitung. Thiam kritisierte ihn an der Pressekonferenz sogar öffentlich für das aus seiner Sicht zu schwache Wachstum des Bereichs. Es war ein erstes Aufblitzen einer sehr speziellen Personalführung. Meister soll selbst überrascht gewesen sein über sein Aus, schliesslich war er mit dem neuen Bankchef in den ersten Wochen nach dessen Antritt noch auf Tour gegangen und hatte keine Unmutssignale empfangen. Aber er hatte sich in internen Strategiemeetings offen gegen Thiams Regionalisierungsstrategie gestellt. Jetzt war er weg. Es war eine klare Botschaft Thiams an das Team: Wer sich kritisch äussert, fliegt.

Thiam setzte dafür auf frische Kräfte. Direkt nach seinem Antritt hatte er Gespräche mit mehreren Dutzend Personen geführt, und das war für die zweite Garde im Konzern jeweils ein Pitch in eigener Sache. So stiegen vier Personen in die Konzernleitung auf, die später für das Drama eine ganz besondere Bedeutung entfalten sollten.

Als Schweiz-Chef kam Thomas Gottstein. Thiam war auf ihn aufmerksam geworden, weil der Dealmaker ihm eine spezielle Idee präsentiert hatte: den Börsengang des Schweiz-Geschäfts. Gottstein wurde von Thiam dafür gleich mit dem Chefposten belohnt. Eine überraschende Wendung: Schon Grübel hatte Gottstein befördern wollen, doch der hatte bis dahin nie Chef werden wollen. Alle die unschönen Pflichten der Führung - Informatik, Compliance, Personal: Darauf hatte er bis dahin keine Lust. Doch die Abspaltung des Heimgeschäfts reizte ihn.

Der neue Asien-Herrscher Helman Sitohang war ein Investmentbanker in Reinkultur: In seinem Büro in Singapur hatte er grosse Plaketten für alle abgeschlossene Deals sauber aufgereiht. Mit leuchtenden Augen sprach der Indonesier von all seinen Transaktionen, die das CS-Investmentbanking in Asien ganz nach oben gebracht hatten. Die Vermögensverwaltung lag ihm nicht im Blut - sie war nur ein Startpunkt für heisse Deals. Seine prägenden Bankenjahre hatte er - wie Brady Dougan und Allen Wheat - bei der untergegangenen Zockerbank Bankers Trust verbracht. Ausgerechnet.

Iqbal Khan, der das internationale Wealth Management übernahm, war als Zwölfjähriger aus Pakistan in die Schweiz gekommen und verfügte über eine aussergewöhnliche kulturelle Anpassungsfähigkeit: Ob Firmenchef in den USA, Portier in Indien oder Mechaniker in der Schweiz - er fand mit allen eine gemeinsame Wellenlänge. Auch Thiam überzeugte er schnell. Dazu trat er rhetorisch sehr stark auf. Es war ein ungewöhnlicher Aufstieg: Er kam aus dem Revisionsgeschäft und hatte für Ernst & Young die UBS-Bücher revidiert. Zur CS war er erst zwei Jahre vor seiner Beförderung zum Finanzchef im Wealth Management gestossen.

Und dann war da eine Frau, die Thiam fast schon euphorisch zum «Rising Star» ausrief: Lara Warner, australisch-amerikanische Doppelbürgerin und als neue Compliance-Chefin für die Befolgung des hausinternen Regelwerks zuständig. Sie war einst als Aktienanalystin von Lehman Brothers zur CS gestossen und hatte administrative Stationen im Investmentbanking durchlaufen, allerdings nie im Frontgeschäft gearbeitet. Aber sie trat sehr überzeugend auf: charmant, schnell, energiegeladen - mit dem Willen nach ganz oben.

Zwei Männer blieben jedoch auf ihren Posten. Schon für Dougan war Finanzchef Mathers eine grosse Stütze gewesen, jetzt vertraute auch Thiam dem britischen Zahlenmagier, der als einziges verbleibendes Konzernleitungsmitglied jede Schraube im Konzern kannte. Die benötigte Kehrtwende bewältigte Mathers elegant: Musste er unter Dougan das Investmentbanking schönrechnen, so galt jetzt seine Sonderbehandlung dem Wealth Management, das bei den Analysten für höhere Bewertungen sorgte.

Ein besonders schöner Trick, den die UBS-Konkurrenten mit Staunen registrierten: Mathers schuf die Kategorie «Wealth Management and related businesses». Dort liessen sich die üppigen Kredite verbuchen, die die CS viel aggressiver an ihre reichen Kunden vergab als die UBS. Da sahen die Zahlen gleich viel besser aus.

Und dann war da noch Joachim «Jo» Oechslin, den Dougan im Jahr vor Thiams Antritt zum obersten Risikochef der Bank ernannt hatte. Der Schweizer hatte lange für Winterthur und Münchner Rück die Risikopositionen kontrolliert und war daher vertraut mit Thiams Versicherungsdenken. Die neue Fragmentierung war aus seiner Sicht sicher kein Fortschritt. Doch auf dem Papier blieb sein Reich mit mehr als 2000 im Konzern verteilten Risikomanagern unverändert. Auch die Aufseher von der Finma hatten deshalb keine Probleme mit der neuen Struktur. Und unter Dougan war die Bank im operativen Geschäft sicher gewesen.

Aber diese Sicherheit lag vor allem darin begründet, dass der oberste Chef auch oberster Risikomanager war. Doch die zweiwöchentlichen Sitzungen, bei denen Dougan alle wichtigen Handelspositionen durchgekämmt hatte, gab es unter Thiam nicht mehr.

Finanzjongleur
David Mathers

7. Toxischer Cocktail

Schon in den ersten Monaten seiner Amtszeit zeigten sich bei Thiam Charakterzüge, die innerhalb des Konzerns Fragezeichen aufkommen liessen. Sergio Ermotti und Axel Weber, das damalige Führungsduo des Rivalen UBS, hielten einmal pro Woche ihren Jour fixe ab. In die Ferien wären die beiden Männer zwar kaum gemeinsam gefahren, aber sie arbeiteten an ihrer Beziehung wie an einer Ehe. Rohner und Thiam tauschten sich zwar auch regelmässig aus, doch die Enge des UBS-Tandems liessen sie von Anfang an vermissen. Ein wöchentliches institutionalisiertes Treffen etwa gab es nicht.

Von Beginn an setzte Thiam den Apparat geschickt für sich ein. Rohner gebot zwar über ein «Chairman Office» mit etwa zwei Dutzend Mitarbeitern, doch die operative Führung des 46 000-Mitarbeiter-Konzerns lag nun einmal beim CEO, bei der CS noch mehr als bei anderen Firmen. Und der neigte bereits früh zur Abschottung – innerhalb der Bank, aber eben auch gegenüber dem Verwaltungsrat. Rohner hatte schon auf Dougan kaum Zugriff, und eigentlich hatte er Thiam geholt, um diese Blockade zu überwinden. Doch unter dem neuen Chef wurde die Distanz noch grösser.

So platzierte Thiam seine treuen Mitstreiter, die er von Prudential mitgezogen hatte, notabene alles ebenfalls keine Banker, an den Schaltstellen der Macht: allen voran Stabschef Pierre-Olivier Bouée, eine Art Chef de cabinet im klassischen französischen Sinne, der schnell zur zentralen Drehscheibe aufstieg und alle Infoströme an den Chef kanalisierte. Dazu den Personal-Mann Peter Goerke und später den Kommunikationsverantwortlichen

Adam Gishen. Die Kultur verschob sich langsam: von einer harten, aber berechenbaren amerikanischen Businesskultur zu einer französisch politisierten Loyalitätskultur.

Dazu kam Thiams präsidiales Auftreten. Es dauerte nur wenige Wochen, bis erste Artikel über Helikopterflüge, Präsidentensuiten und teure Bodyguards aufkamen. Die Pressestelle war damit beschäftigt, Dementis der speziellen Art abzusondern: Nein, Herr Thiam fliege nicht regelmässig mit dem Helikopter, nein, er lasse sich keine speziellen Delikatessen in seine Fünf-Sterne-Suiten liefern. Als ihn eine Medienverantwortliche auf die schlechte Aussenwirkung hinwies, soll er geantwortet haben: «How dare you?» Die Mitarbeiterin wurde degradiert.

Bei der Einweihung des neuen Gotthardtunnels 2016 kam es sogar zu einem Eklat: Es wäre für Thiam der perfekte Anlass gewesen, sein Geschichtsbewusstsein zu demonstrieren. Der legendäre CS-Gründer Alfred Escher hatte in der zweiten Hälfte des 19. Jahrhunderts den ersten Gotthardtunnel bauen lassen. Doch Thiam fiel nur durch seine spezielle Wunschliste auf.

Zur Eröffnungsfeier waren 1200 Gäste geladen, und eigene Leibwächter durften lediglich Staatschefs wie die deutsche Kanzlerin Angela Merkel oder der französische Präsident François Hollande mitnehmen. Thiam wollte jedoch ebenfalls seine eigenen Personenschützer dabeihaben. Was ihn dazu bewogen hat, bleibt offen. Die «NZZ» kommentierte: «Vielleicht gilt es als Statussymbol, mit eigenem Personenschutz aufzukreuzen.» Die Polizei untersagte Thiam jedenfalls seine Extratour. «Wir hatten einen König», sollte der Zürcher Ständerat Ruedi Noser, Verwaltungsrat bei der Firmentochter CS Asset Management, im Untergangsjahr 2023 dann auch über Thiam sagen.

Der erste grosse Unfall liess nicht lange auf sich warten. Die Handelsabteilungen von Grossbanken sind fragile Einheiten, die ein stetes Austarieren zwischen Gier und Angst erfordern. Den Risikoappetit genau zu kalibrieren und situativ ständig anzupassen, braucht viel Erfahrung und oft jahrelange Zusammenarbeit zwischen den Händlern an der Front, ihren Vorgesetzten und den Risikomanagern. Dass die grossen Wall-Street-Vorbilder Goldman

Sachs und Morgan Stanley so selten Verluste produzierten, lag auch an der Stabilität der Teams. Thiams neue Struktur war ein Frontalangriff auf die von Dougan fein austarierte Maschine.

Dass Thiam bei seinem Umbau etwa den mächtigen Leiter des Zinsgeschäfts, Gaël de Boissard, einfach in die Wüste geschickt hatte, sollte sich schnell bemerkbar machen. Seit dem Milliardenverlust von Wheat in Russland hatte die Bank keine grösseren operativen Verluste mehr erlitten, darauf war sie zu Recht stolz. Jetzt war Dougan gerade vier Monate weg - und das System streikte. 633 Millionen Dollar musste die Bank für das vierte Quartal 2015 abschreiben, 350 Millionen kamen für das erste Quartal 2016 hinzu. Ein starker Einbruch des Ölpreises hatte gewisse Produkte im Bereich «Distressed Credit», hochverzinsliche Papiere von notleidenden Firmen, fast wertlos gemacht.

Es war ein verheerender Einstieg für Thiam, der sich noch so gebrüstet hatte, alle Positionen zu verstehen. Schon für diesen ersten Milliardenverlust galt: Er wäre unter Dougan kaum passiert. Thiam hatte schon bei Prudential sehr präsidial geführt - um einzelne Probleme im Mittelbau des Konzerns hatte er sich nie gekümmert. Für so etwas gab es Hierarchien.

Bei einer Versicherung mit ihren lang laufenden Verpflichtungen funktioniert dieser Ansatz, doch im hochtourigen Banking braucht es an der Spitze zuweilen schnelle Entscheide bei Frontproblemen. Dougan frass sich beim ersten Warnsignal selbst durch die Daten aus dem Firmenkeller. Thiam delegierte - und das in einer Bank, der er Zersplitterung verordnet hatte.

Wie fremd er in der Szene war, zeigte sein spezieller Umgang mit der Krise: Er lancierte eine Attacke gegen die eigenen Mitarbeiter. Es kam zu einem öffentlich ausgetragenen Schauspiel an Schuldzuweisungen, das es in der Bankenwelt in dieser Form noch nicht gegeben hatte. Die Investmentbanker hätten ihm gefährliche Positionen verheimlicht, schoss Thiam gegen die langjährigen Dougan-Verbündeten in New York. Das Chaos, das Thiam mit seinem Hauruck-Umbau ausgelöst habe, sei für die Verluste verantwortlich, schossen die Händler zurück. Als Beleg für die Täuschung liess Thiam sein Kommunikationsteam interne Mails in ausgewählten Medien platzieren - ein absolutes No-Go.

So landete etwa sein E-Mail-Verkehr mit dem eigenen Global-Markets-Chef Tim O'Hara bei Reuters. Das wurde als grobe Illoyalität gegenüber der eigenen Truppe ausgelegt und provozierte die erwartbare Gegenreaktion: Genüsslich breiteten die Finanzmedien anonyme Informationen der Mitarbeiter aus. «Gleich an der ersten Hürde ist Thiam gestürzt», befand das «Wall Street Journal». Und die «New York Times» konstatierte: «Thiam hat das Gebäude verloren.» Er stand da wie ein Fussballtrainer, dem die Kabine die Gefolgschaft versagte.

Der Kurs brach ein, und Präsident Rohner musste seinem noch frischen CEO sogar öffentlich widersprechen: Es habe keine «Blind Spots» gegeben. Die Risikomanager hatten dem Verwaltungsrat berichtet, dass alle Positionen hinlänglich bekannt gewesen seien. Um die Aktie positiver zu bewerten, brauche es klare Beweise, dass der CEO das Risk Management und die Prozesse besser im Griff habe, bemängelte Morgan Stanley ungewöhnlich scharf.

Weil zudem der Kursrutsch die Boni heftig schrumpfen liess, drohte ein Exodus der Topleute. Grübel und Dougan hatten immer versucht, die Händler mit möglichst guten Boni bei Laune zu halten, da die Bank ohnehin im Vergleich zu den nobleren Wall-Street-Adressen ein Reputationsproblem hatte. Bei der CS galt deshalb noch mehr als bei anderen Investmentbanken das Branchenmantra: Die Assets sind die Mitarbeiter - sie verliessen jeden Abend mit dem Lift das Gebäude und kamen hoffentlich am nächsten Morgen zurück.

Doch Thiam ging auf Konfrontation. Er erzählte gern, wie er einst als Minister der Elfenbeinküste Studenten ihre zugesagte Lohnunterstützung kappen musste, um Dörfer mit Strom zu versorgen. Wenn sich da ein Händler über zu tiefe Boni beschwerte, erntete er nicht mehr als einen skeptischen Blick.

So verständlich seine Argumentation auch gewesen sein mochte - sie war auch ein Signal, dass er die spezielle Kultur dieser unbestritten verwöhnten und überbezahlten Geldkaste nicht verstand. Wer mitspielen wollte, musste zahlen, das war das ungeschriebene Gesetz. Wer nicht zahlen wollte, musste aussteigen.

Thiam versuchte einen Mittelweg – und das entpuppte sich langfristig als die gefährlichste Lösung.

Es kam zu einem ersten grossen Exodus, viele erfahrene Mitarbeiter gingen und wurden gar nicht oder mit Nachwuchskräften ersetzt. Bisher war die CS noch maximal ein B-Player. Jetzt war sie in der C-Liga gelandet. Den belagerten Markets-Chef Tim O'Hara setzte Thiam gerade neun Monate nach dessen Beförderung wieder ab und installierte einen gewissen Brian Chin. Von ihm sollte die Linie sechs Jahre später direkt zum Archegos-Skandal führen.

Der Verlust hatte Thiam so stark in die Ecke gedrängt, dass die Devise lautete: noch härter zurückschlagen. Thiam schwenkte auf eine Strategie, die er zunächst partout vermeiden wollte: die UBS zu kopieren. Aus dem Mann, der bei seinem Amtsantritt einer gesunden Bank einen frischen Wachstumskurs verpassen wollte, wurde plötzlich in bester McKinsey-Manier der härteste Kostensenker der Bankenwelt. Waren seine Sparziele anfangs noch vage, so verordnete er jetzt detaillierte Zielvorgaben. Investiert wurde kaum noch – Thiam sparte die Bank kaputt.

Gleichzeitig hielt er weiterhin an fast utopischen Wachstumszielen fest. Selbst seine drei wichtigsten Männer markierten leise Zweifel. Etwas herausfordernd seien die Ziele, liess der globale Wealth-Management-Chef Iqbal Khan, der seinen Vorsteuergewinn bis 2018 mehr als verdoppeln sollte, die «Financial Times» wissen.

Asien-Chef Helman Sitohang, der seinen Gewinn ebenfalls verdoppeln sollte, relativierte den Zeitraum – nicht in den nächsten zwei Jahren, sondern in drei bis fünf Jahren gelte das Ziel, so Sitohang gegenüber dem Zürcher Börsenblatt «Finanz und Wirtschaft». Und der Schweizer Hoffnungsträger Thomas Gottstein, der die heimische Einheit an die Börse führen sollte, räumte offen ein: Die Ziele seien ambitioniert, ja.

Doch Thiam zeigte sich unbeeindruckt. Kein Chef eines globalen Bankkonzerns hatte so aggressive Wachstumsziele formuliert wie er. Verhandelbar mit seinen Spartenchefs waren sie nicht.

Thiams Ansehen sank dramatisch. Eine Umfrage der britischen Beratungsfirma Autonomous Research unter 73 institutionellen Investoren, prominent platziert in der «Financial Times», setzte ihn Mitte 2016 auf den zweiten Platz der Bankchefs, die ausgewechselt werden sollten. Vor ihm lag lediglich der damalige HSBC-Chef Stuart Gulliver - doch der war seit fünf Jahren im Amt und hatte seinen Abschied bereits angekündigt. Für einen CEO, der sich gerade ein Jahr im Amt befand, war das Votum die Höchststrafe. Ende Juni 2016 erreichte der Kurs den Allzeit-Tiefststand von 8.94 Franken. «Wer rettet die CS?», titelte «Bilanz» auf dem Cover.

Niemand, lautete das Fazit. Der Verwaltungsrat war zu schwach, und Rohner hatte sich an seinen Schützling Thiam gekettet. Die rituellen Rücktrittsforderungen an der Generalversammlung sass das Duo aus. Und auch die Aufseher der Finma schritten nicht ein. Auf Anfrage verwiesen sie schon damals auf ihre Regeln, wie auch in den Monaten vor dem Untergang der Bank sieben Jahre später: Der Börsenwert sei kein aufsichtsrechtlich relevanter Parameter - das seien Eigenkapital und Liquidität. Und da erfülle die Bank die Vorgaben. Die Rückkopplungseffekte des Börseneinbruchs auf die Firmensolidität interessierte die Aufseher schon damals nicht.

Auch die Politiker schauten weg. Die überrissenen Managerlöhne waren in der Stimmbevölkerung schlicht zu toxisch. Dass bei der CS die Summe der Boni im Krisenjahr 2015 gleich hoch war wie der Verlust, sorgte in Bern für Kopfschütteln. Auch bei der rechtsbürgerlichen SVP, die sich so gern auf CS-Gründer Escher berief und mit dem früheren Parteipräsidenten Ueli Maurer den im Krisenfall zuständigen Finanzminister stellte, wollte sich niemand für die taumelnde Bank engagieren. So weit ging der Patriotismus dann doch nicht.

Und die Aktionäre? Der grösste Einzelinvestor aus Katar hatte seine Beteiligung teilweise mit Wandelanleihen aufgestockt, die ihm die CS mit Vorzugszinsen in Höhe von rund sechs bis sieben Prozent vergütete - in Tiefzinszeiten ein attraktives Investment. Ihr Vertreter im Verwaltungsrat, der damals gerade 33-jährige Jassim bin Hamad Al Thani aus der Herrscherfamilie, stellte praktisch nie eine Frage. Sein Fachenglisch, so der Eindruck der Mitstreiter, war deutlich ausbaufähig. Und der Investor David Herro von Harris

Associates hatte sich so viele Kehrtwenden geleistet, dass seine Glaubwürdigkeit massiv gelitten hatte.

Für die Rivalen war offensichtlich, dass die Strategie nicht funktionierte. Die ersten Aktivisten schauten sich die Bank an - die schwedische Cevian, in der Schweiz stark aktiv, auch die scharfen Amerikaner von Citadel oder Cerberus. Doch sie kapitulierten. Das Zahlenwerk war von aussen einfach zu undurchdringlich: Die CS war eine Black Box. Einen offenen Angriff sollte in all den Krisenjahren nur der Schweizer Investor Rudolf Bohli im Herbst 2017 wagen. Er forderte die Aufspaltung der Bank, was ihm sogar eine Titelstory in der «Financial Times» einbrachte. Doch ohne Verbündete hatte er schlicht zu wenig Kapital. Und der Grossaktionär aus Katar liess ihn abblitzen. Er bekam nicht einmal einen Termin.

Auch der heimische Rivale beobachtete die Entwicklung genau. Ab 2015 sei für ihn klar gewesen, «dass bei der CS etwas nicht gut lief», sollte Sergio Ermotti nach dem CS-Untergang der «Schweiz am Wochenende» sagen. Es war im Februar 2016, als die Pläne an der Bankspitze für eine Übernahme erstmals reiften.

Dabei spielten auch Konkurrenzängste eine Rolle: Die deutlich kleinere CS war für den Weltmarktführer UBS in der Vermögensverwaltung keine grosse Gefahr. Doch wenn eines der grossen Geldhäuser wie J.P. Morgan, HSBC oder BNP Paribas die Bank schlucken würde, wäre die Spitzenstellung ernsthaft gefährdet. Zusätzlich würde eine Übernahme des Konkurrenten auch Wachstumschancen bieten.

Ermotti nutzte die alljährliche Retraite für eine erste vertiefte Übernahmeprüfung. Tatort: das Kempinski-Hotel in St. Moritz, inklusive der Bar, von der die Signalbahn abfährt. Daher auch der Name: «Projekt Signal».

Die Zahlen überzeugten: Im Kerngeschäft Wealth Management würde die Bank den Vorsprung global massiv ausbauen, besonders das starke CS-Südostasien-Geschäft lockte, und die Schätzungen für die Abflüsse hielt man mit 20 bis 30 Prozent für verkraftbar. Aus dem Investmentbanking könnte man sich starke Teile herauspicken, vor allem das führende Schweiz-Geschäft, und auch im Asset Management hätte man endlich die kritische

Kein Retter in Sicht
«Bilanz»-Titelblatt von Juni 2016

Masse. Gewiss, die Kartellprobleme wären gerade im Heimmarkt gross, und so gab es genaue Berechnungen zur Wettbewerbslage in jedem Kanton.

Mit dabei: drei Männer, die später eine zentrale Rolle in dem Drama spielten sollten. Axel Lehmann, der spätere CS-Präsident, hatte gerade aus dem UBS-Verwaltungsrat in die Konzernleitung gewechselt und leitete dort das Corporate Center. Als Asset-Management-Chef amtete Ulrich Körner, lange bei der CS, nun seit sieben Jahren bei der UBS – und weitere sieben Jahre später der letzte CS-Chef. Und das Schweiz-Geschäft leitete ein Mann, der in den schicksalhaften Tagen des CS-Untergangs als UBS-Vizepräsident ebenfalls eine Schlüsselrolle spielen sollte: Lukas Gähwiler.

Die treibenden Kräfte der Strategieübung waren neben Ermotti die beiden anderen starken Männer der Bank: der spätere Unicredit- und damalige UBS-Investmentbanking-Chef Andrea Orcel, der als bester Kapitalmarktbanker Europas galt und die Logik der Übernahme klar analysierte. Allerdings warnte er vor Integrationsproblemen und ging davon aus, dass das Schweizer CS-Geschäft abgespalten werden müsste. Und auch Finanzchef Tom Naratil, Ermottis engster Vertrauter, sah die Logik einer Übernahme. Doch mehr als eine erste Analyse war das nicht. Die Kontaktaufnahme mit der Gegenseite blieb aus. Und weil sich auch kein ausländischer Rivale als CS-Interessent aus der Deckung wagte, wurde das Projekt erst mal vertagt.

Es war ein toxischer Cocktail, der sich in der zweitgrössten Schweizer Bank zusammengebraut hatte: Eine stark fragmentierte Bank mit kaum zu kontrollierenden Fliehkräften. Ein enormer Ertragsdruck auf die operativen Spartenchefs. Und scharfe Kostenziele, die besonders die Backoffice-Funktionen in den einzelnen Regionen zu spüren bekamen - vorneweg das Risikomanagement. Und über all dem ein Verwaltungsrat fast ohne Bankenkompetenz.

Am Times Square in New York in der Zentrale von Morgan Stanley hatte ein gewisser Colm Kelleher die Unruhen genau verfolgt. Später sollte er bei der UBS als Präsident keinen Zweifel daran lassen: Der Niedergang der Credit Suisse habe mit dem Plan des neuen Chefs im Jahr 2015 begonnen.

8. Skurriles Ende

Doch nach aussen schien Thiams Kurs erst mal aufzugehen. Die harten Kostensenkungen liessen den Aufwand purzeln, und Thiam stand plötzlich als der Mann da, der lieferte, was Ermotti nur versprach - der UBS-Chef setzte neben Sparen auch weiter auf Investitionen.

Beim grösseren Rivalen war man besonders über die kreative Buchhaltung der CS erstaunt. Auf drei Jahre hatte Thiam die Restrukturierung in bester Beratermanier ausgelegt. Sein Finanzchef Mathers hatte das gesamte Reporting an diesen Plan angepasst und lieferte zu jedem Quartal einen speziellen Zahlenstrauss: Die Bank schuf eigene Kennzahlen wie eine «Look-through Capital Ratio» und präsentierte eine Fülle von «bereinigten» Kennzahlen: Kostenbasis, Vorsteuergewinn - alles bereinigt.

Dabei, so war der Definition im Kleingedruckten zu entnehmen, wurden «Positionen ausgeschlossen, die das Management als nicht repräsentativ für die zugrunde liegende Geschäftsentwicklung erachtet». Im Klartext: Rechnungslegung als Wunschkonzert. Ganz am Ende der Medienmitteilungen gab es dann stets auch die testierten Zahlen gemäss den vorgeschriebenen Rechnungslegungsstandards. Der Vorteil der Parallelbuchhaltung: Die Boni wurden an die Fantasiezahlen gekoppelt. So flossen die Ausschüttungen von mehr als drei Milliarden Franken trotz teils heftiger Verluste weiter. Thiam bezog im Schnitt mehr als zehn Millionen pro Jahr, für 2018 gab es sogar 12,6 Millionen Franken.

Auch bei ihren Eigenkapitalberechnungen war die CS deutlich kreativer als die UBS. Dort wunderte man sich, dass der Rivale damit bei der Finma durchkam. Während sich UBS-Chef Ermotti auch öffentlich schon mal kritisch zu den Regulatoren äusserte, waren von Thiam nur freundliche Töne zu vernehmen.

Beim Rivalen stand das «Projekt Signal» in der UBS-Konzernleitung weiter oben auf der Agenda, etwa bei einer Retraite im «Suvretta House» in St. Moritz. Das erste Mal ging der damalige UBS-Präsident Axel Weber 2018 auf seinen CS-Gegenpart Urs Rohner zu, um einen Zusammenschluss auszuloten. Rohner zeigte sich offenbar offen, doch Thiam blockierte. Zwar sah er durchaus die Logik – es sei «der einzige Merger im europäischen Banking, der Sinn mache», betonte er intern.

Doch ihm war auch bewusst: Es wäre eine Übernahme durch die stärkere UBS gewesen, bei der er kaum seinen Job behalten hätte. Ermotti hatte bereits zuvor einmal direkt mit ihm Kontakt aufgenommen, um eine Zusammenlegung gewisser Backoffice-Funktionen zu prüfen und damit die Kosten zu senken. Diese Form der Industrialisierung von nichtstrategischen Bereichen hätte für beide Seiten Vorteile gebracht. Doch auch da blockierte Thiam.

Mit dem offiziellen Abschluss der Restrukturierung wollte sich Thiam als alleiniger Sanierer feiern lassen. Doch in seinem Gastland war das schwierig. In der deutschsprachigen Schweiz mied er die Presse, das traditionelle Weihnachtsessen im «Savoy» mit den heimischen Medienvertretern hatte er nach mehr als 30 Jahren ersatzlos gestrichen.

Die Drähte in seine alte Wahlheimat London waren ihm wichtiger – und hier fand er die ersehnte Anerkennung. Das englische Fachblatt «Euromoney» kürte ihn 2018 sogar zum «Banker des Jahres». Der Kurs war zwar seit seinem Antritt um mehr als 50 Prozent gefallen, doch das schien die Juroren nicht zu stören. Eine fast schon unheimliche Parallele: Bei der UBS war einst der CEO Peter Wuffli zum «Banker des Jahres» gekürt worden, bevor seine Bank in grossem Stil toxische Subprime-Papiere auf ihre Bilanz lud und die UBS dadurch nur mit Staatshilfe dem Exitus entgehen sollte.

In der Titelstory für den Preisträger, die sich auf nicht weniger als 40 Seiten erstreckte, posierte Thiam als König auf einem Schachbrett. Überschrift: «Der Meister-Stratege: Wie Tidjane Thiam der Credit Suisse eine Revolution brachte». Den wenig praktikablen Börsengang des Schweiz-Geschäfts hatte er da längst abgesagt, und in der Story verblüffte er mit der Aussage, dass er ihn nie wirklich geplant habe - für die grosse Zahl der involvierten Mitarbeiter, inklusive Schweiz-Chef Gottstein, keine wirkliche Motivationsspritze.

Die Begründung: Man habe die Abspaltung nur als Kapitalpuffer ins Spiel gebracht für den Fall, dass die ausstehende Busse aus den USA zu den Subprime-Hypotheken sehr hoch ausfallen würde. Doch das tat sie: Ende 2016 verpflichtete sich die Bank zu einer Gesamtzahlung von rekordhohen 5,3 Milliarden Dollar, damals 5,6 Milliarden Franken, für Verfehlungen aus den Jahren 2005 bis 2007.

Wieder musste die Bank mehr zahlen, weil sie lange gepokert hatte. Und obwohl das Kapital so knapp war, startete die Bank Ende 2018 ein Rückkaufprogramm des mühsam aufgebauten Aktienkapitals und erhöhte sogar die Dividende. Konsistent war das alles nicht. Und die Aufseher der Finma schauten zu.

Für die Story hatte Thiam seinen Leutnants aufgetragen, mit dem Finanzblatt zu reden, und so gaben alle brav ihre bewundernden Zitate ab. «Er hat die Bank transformiert», flötete etwa Iqbal Khan. Doch da hatte sich die Beziehung längst abgekühlt. Thiam hatte nach dem Milliardenverlust in New York und den offenen Äusserungen seiner Spartenchefs verfügt, dass er jede Presseanfrage an seine Mannschaft persönlich autorisieren musste. Die meisten beschied er negativ. Intern beklagten sich die Spartenchefs dann auch, dass sie medial abgeschnitten würden. Besonders der ehrgeizige Khan war nicht erfreut.

Nach dem selbst deklarierten Restrukturierungsende läutete Thiam die nächste Phase ein. Im Februar 2019 gab die Bank bekannt, dass die bisherige Compliance-Chefin Lara Warner als neue Chief Risk Officer das Risikomanagement der Bank übernehmen sollte. Zwischen Thiam und ihrem Vorgänger Oechslin hatte es zwar keinen Eklat gegeben, doch eng war der Kontakt nicht. Wenige Wochen später verkündete Thiam in der Westschweizer Wirtschaftszeitung «L'Agefi» seinen Wunsch, Schweizer werden zu wollen.

Das Ansinnen war zumindest ungewöhnlich. Für eine Einbürgerung musste der Anwärter mindestens zwölf Jahre in der Schweiz gelebt haben, Thiam war jedoch erst vier Jahre da, darauf wiesen die Journalisten in dem Artikel auch hin. Doch es war ein Signal: Ich sehe mich langfristig in der Schweiz. In der Bank schossen die Spekulationen hoch. Thiam, so raunten sich die Mitarbeiter zu, wolle den Präsidenten Rohner beerben, der sich der Amtszeitlimite näherte. Und dann seine Favoritin Warner auf den CEO-Posten nachziehen.

«Vielleicht wird er noch eine Weile bleiben», schloss der «Economist» einen fast schon schwärmerischen Artikel über Thiam mit dem Titel «L'Étranger»: Er sei als Fremder nach Zürich gekommen, jetzt wolle er Schweizer werden. Die Eloge brachte ihm erstmals sogar etwas Neid vom Rivalen am Paradeplatz ein. Im UBS-Verwaltungsrat kamen Stimmen auf: Warum steht die CS medial besser da als wir? Doch aus Ermottis Umfeld kam eine deutliche Replik: Die fehlenden Investitionen seien eine grosse Hypothek für die Zukunft. Das zu schwache Investment in die Kontrollen werde sich rächen. Und die Dezentralisierung sei ein Riesenfehler.

Die Prophezeiung sollte sich bewahrheiten. Denn das machte das Bankgeschäft so speziell: Eine globale Investmentbank kann von aussen betrachtet ruhig über das Meer gleiten, während sich im Schiffsinneren längst die Fäulnis vorfrisst.

Alexander «Lex» Greensill stammt aus der Kleinstadt Bundaberg an der australischen Ostküste und betrieb dort eine Farm, auf der er auf 3200 Hektaren Süsskartoffeln, Melonen und Zuckerrohr anbauen liess. Aber seine Geschäfte machte er von London aus. Dort hatte er 2011 eine Anlagefirma gegründet. Sieben Jahre später sollte er von Prinz Charles zum Ritter geschlagen werden. Begründung: seine Verdienste um die britische Wirtschaft.

Er hatte ein spezielles Modell lanciert: sogenannte «Lieferkettenfonds». Der Käufer einer Ware trat die Forderung des Verkäufers an Greensill ab, der sofort bezahlte und deshalb Rabatt erhielt. Später zahlte der Kunde den vollen Preis, und die Differenz landete beim Australier. Lief etwas schief, so die Zusicherung von Greensill, gab es eine Versicherung.

Der Finanzjongleur gelangte an verschiedene Stellen bei der CS. Asien-Chef Sitohang war ein grosser Fan, führte ihn als Grosskunden im Private Banking und wollte unbedingt den Börsengang von Greensills Firma organisieren. Obwohl seine Risikomanager laut «Financial Times» vor Greensill gewarnt hatten, stellte Sitohang ihn bei internen Meetings als Modellkunden vor. Greensill bezog Kredite von der Bank, und vor allem: Er konnte seine Fonds über das Asset Management vertreiben. Die CS gründete 2017 den ersten von vier eigenen Greensill-Fonds, die wiederum vom Wealth Management vertrieben wurden.

Besonders Iqbal Khan, dem das Asset Management unterstellt war, pushte die Fonds massiv: Etwa 70 Prozent der Investments in die CS-Fonds stammten aus seinem Bereich, rund 20 aus dem Geschäftsbereich Asien und nicht einmal 10 Prozent aus dem Bereich Schweiz, dem Gottstein als Spartenchef vorstand.

Erste Warnsignale gab es 2018: Der Vermögensverwalter GAM, der ebenfalls einen Greensill-Fonds vertrieb, musste nach einem Skandal um einen Manager seinen Fonds schliessen. Der Grund: Greensill hatte bei der Zusammensetzung der Fonds das Risiko deutlich erhöht – so kamen viele Positionen von dem indischen Stahlmagnaten Sanjeev Gupta, dessen Firma sich in einer Schieflage befand. Besonders gravierend: Greensill baute noch nicht vorhandene künftige Forderungen in die Fonds ein, die er sprachlich elegant «Future Receivables» nannte. Es handelte sich um Luftbuchungen.

Bei der CS kam es zu vermehrten Medienanfragen, auch die Finma schaltete sich ein. Doch die CS wandte ihre bewährte Taktik an: abstreiten, dagegenhalten, verwedeln. Für die Beantwortung von kritischen Fragen griff sie auf die Fondsverantwortlichen oder sogar auf Lex Greensill selbst zurück, wie die Finma später in ihrem Enforcement-Bericht festhielt. So stellte die Bank gegenüber den Aufsehern und ihren Kunden die Qualität des Fonds viel zu positiv dar.

Die unabhängige Beratungsfirma Independent Credit View aus Zürich kam in einer Studie im August 2019 zu einem vernichtenden Urteil: «Die Transparenz der Greensill-Gruppe ist nicht kapitalmarktwürdig und verdient kein Vertrauen.» Spätestens jetzt, zwei Jahre nach der Lancierung der hauseigenen Fonds, hätte Thiam das Investment zur Chefsache ernennen und wie Dougan sagen müssen: Ich will alle Daten.

Doch dazu kam es nicht: Durch die von Thiam befeuerte Verzettelung der Bank hatte niemand eine Totalübersicht über das Exposure mit Greensill: Die CS habe während Jahren «die aufsichtsrechtliche Pflicht schwer verletzt, Risiken angemessen zu erfassen, zu begrenzen und zu überwachen», schrieb die Finma später in ihrem Enforcement-Bericht. Genau diese aggregierte Gesamtübersicht hatte sie nach dem Fall Lescaudron explizit angefordert. Doch die CS kam diesen Aufforderungen einfach nicht nach.

Die Nominierung Warners als neue Risikochefin hatte die Situation verschärft. Ihr Vorgänger Oechslin war zwar kein harter Einpeitscher: Weggefährten schilderten ihn als akribischen, aber durchaus anpassungsfähigen Manager, der nicht den offenen Konflikt mit Thiam suchte. Aber er war beharrlich, auch wenn die Aushöhlung des Risikomanagements schon unter ihm begann. Unter Warner verschärfte sie sich massiv.

Die Kontrolleure unterschieden zwischen drei Verteidigungslinien: Die Frontverantwortlichen, die beim Kundenkontakt als Erstes die Risiken kompetent einschätzen mussten. Dann die eigentlichen Risikomanager, die die Kundenleute beaufsichtigen. Und schliesslich die Führung dieser Kontrolleure – vom Risikochef bis zum CEO und in den Verwaltungsrat.

Die erste Linie – die Frontverantwortung – war nach dem Unfall in New York und der Attacke Thiams auf die Investmentbanker massiv geschwächt worden. Viele erfahrene Banker hatten die CS verlassen, es rückten Nachwuchskräfte nach – «Juniorisation» nannten es die Banker, wenn die fehlende Erfahrung bedrohlich wurde.

Die zweite Linie hatte unter Thiams brutalem Spardruck gelitten: Die schon lange darbenden IT-Systeme wurden weiter geschwächt, was das Reporting auch für die dritte Linie – bis zu den Chefs in Zürich – massiv erschwerte. Konzernleitungsmitglieder erinnern sich, dass es bei Nachfragen zwar schon akkurat aufbereitete Berichte zu einzelnen Klienten gab. Aber wer etwas tiefer nachbohrte, fand als Grundlage oft nur eine Ansammlung von willkürlich zusammengestellten Excel-Sheets. Eine umfassende Gesamtsicht über das Exposure der Risikokunden gab es nicht.

Konzernleitung und Verwaltungsrat wussten praktisch nichts von den Unfällen, die sich im Keller anbahnten. Warner hatte zwar noch als Compliance-Chefin eine Zusammenarbeit mit der amerikanischen Datenfirma Palantir angestossen und verkündet, das integrale Kundenreporting sei jetzt deutlich verbessert. Doch das war nur Wunschdenken.

Risikomanager waren die grauen Bremser im Keller, und sie lebten davon, dass sie sich unbeliebt machen mussten, um zu gefährliche Transaktionen zu verhindern. Es gab wohl keine Position innerhalb einer Bank, die als Karrieresprungbrett so ungeeignet war. Doch für Warner war der neue Posten genau das: eine Etappe auf dem Weg nach oben. Und da wollte sie nicht bremsen, sondern sich profilieren: als Kostensenkerin und Geschäftsermöglicherin.

Es kam zu einer Ausdünnung des Risikomanagements. Mehr als ein Drittel der Managing Directors im Risikobereich verliess die Bank, ihre Verantwortlichkeiten wurden zum Grossteil auf interne Kräfte verteilt, die dadurch Zusatzaufgaben übernehmen mussten. Auch mussten gewisse Kontrolleure neu an die Front rapportieren. All diese Massnahmen waren Gift für eine starke, unabhängige Risikokontrolle. Wie verheerend Warner ihre Position ausfüllte, zeigte sich bei einem Kreditantrag von Alexander Greensill. Ihre eigenen Risikomanager hatten gegen den Überbrückungskredit von 160 Millionen Dollar votiert. Doch Warner überstimmte ihr eigenes Team und winkte den Antrag ihres Landsmanns durch. Der Kredit musste später abgeschrieben werden.

Statt sich gegen zu gefährliche Geschäfte zu wehren, wie es ihre Aufgabe gewesen wäre, stand sie an der vordersten Front der Führungsleute, die in Greensill einen Wunderknaben sehen wollten, der die hohen Ertragsziele und die Boni sichern sollte. Kontrolle? Bloss nicht. Greensill galt als Manna vom Himmel, von dem alle so viel wie möglich abbekommen wollten.

Es war wie eine Kaskade: Der Präsident war kein Banker, der CEO war kein Banker, und die Risikochefin hatte weder Vorbildung noch Erfahrung in der Risikokontrolle. «Rohner und Thiam gingen davon aus, dass schlaue Leute alles können, selbst wenn sie keine Erfahrung hatten. Aber das funktionierte nicht bei Risiko und Compliance», zitierte die «Financial Times» einen CS-Manager.

Auch der zweite folgenschwere Fall, der die CS auf die abschüssige Bahn bringen sollte, offenbarte ein verheerendes Risikomanagement. Bill Hwang, ein in New York sesshafter Finanzjongleur, hatte 2012 schon in Hongkong mit einer Finanzfirma Schiffbruch erlitten und war sogar vorbestraft. Doch das hinderte die CS-Banker in New York nicht daran, weiter Geschäfte mit ihm zu machen. Die Abteilung Prime Brokerage lieh grösseren Kunden Geld und kassierte dafür Zinsen und Provisionen für die Wertschriftenabwicklung. Das Geschäft funktionierte aber nur, wenn der Kunde mit dem Geld keinen Unsinn machte.

Die unglaubliche Summe von 24 Milliarden Dollar, mehr als die Hälfte ihres gesamten Eigenkapitals, hatte die Bank in bestimmten Phasen bei dem vorbestraften Händler ausstehend. Schon innerhalb der Abteilung gab es keine vernünftige Kontrolle, wie der spätere Untersuchungsbericht der New Yorker Kanzlei Paul, Weiss festhalten sollte. Doch dann fühlte sich durch die Regionalisierung auch niemand verantwortlich. Ein Co-Chef der Abteilung sass in London, der andere in New York. Keiner hakte nach.

Und auch hier galt wieder wie bei Greensill: Weder Konzernleitung noch Verwaltungsrat hatten einen Überblick über das Gesamt-Exposure. Zwar gab es hier ebenfalls innerhalb der Risikoorganisation Warnsignale, doch sie gelangten nicht nach oben. Warner, die für das Frühwarnsystem verantwortlich war, hörte nach eigener Aussage selbst erst zwei Wochen vor dem Konkurs des Hedgefonds zum ersten Mal von dem Kunden. «Niemand bei der CS schien die ernsthaften Risiken einschätzen zu können», hielt der Bericht unmissverständlich fest.

Als zweiter Faktor kam hinzu: Der brutale Sparkurs Thiams, verbunden mit seiner Attacke auf die Dougan Boys in New York zu Beginn seiner Amtszeit, hatte das Team qualitativ stark geschwächt. Es fehlte an erfahrenen Händlern, niemand hatte den Blick für das Ganze. «Was soll ich machen? Alle Leute, die noch Rückgrat haben, sind gegangen», klagte ein Risikomanager. Ein Antrag zur technischen Verbesserung des Kontrollsystems wurde abgelehnt - die notwendigen 150 000 Dollar lagen nicht drin. Der verantwortliche Chef war seit Monaten krank, sein Stellvertreter unerfahren. «Sie schwammen mit den Haien, ohne es zu wissen», urteilte die «Financial Times».

Doch bevor die beiden Grossunfälle ihre fatale Einschlagskraft entfalten konnten, endete das wohl skurrilste Regnum eines Schweizer Grossbankenchefs geradezu symptomatisch - mit einer Spionageaffäre, wie sie die beschauliche Schweiz noch nicht gesehen hatte.

Nach aussen gab sich Thiam jovial und pries die Autonomie seiner Spartenchefs. Doch in der Realität forderte er Loyalität. Iqbal Khan schottete seinen Bereich jedoch immer stärker ab. Es kam zu heftigen Spannungen, die auch innerhalb der Konzernleitung spürbar waren.

Was Thiam offenbar besonders störte: Etliche der grossen Kunden in Khans Bereich hatten wenig Interesse, ihn zu sehen, und das teilte Khan dem Bankchef auch unverblümt mit. Thiam war zwar stets sehr unterhaltend, doch die fundierten Markteinschätzungen, die Dougan geliefert hatte, bot er weniger. Khan scharte seine Elitetruppe der Top-Kundenberater um sich, und die hielten Thiam bewusst aussen vor.

Erschwerend kam hinzu: Khan baute sein neues Anwesen direkt oberhalb der Villa seines Chefs im standesgemässen Herrliberg - eine sehr spezielle Konstellation. Er gönnte sich einen aufwendigen Umbau mit heftigem Baulärm, was Thiam störte. Das Ehepaar Khan dagegen stiess sich offenbar an zu hohen Bäumen auf Thiams Anwesen, sie versperrten die Sicht. Bei einem Nachbarschaftsabend im Februar 2019 in Thiams Villa kam es zum Eklat. Thiam und sein Untergebener gerieten heftig aneinander. Khan fühlte sich offenbar so bedroht, dass er die Polizei einschaltete. Das Verhältnis, so stellte es Khan später dar, war irreparabel zerrüttet.

Für Khan war der Entscheid gefallen: Er musste gehen. Dass der umtriebige Jungbanker auch einen guten Draht zu Ermotti aufgebaut hatte, passte gut. Der UBS-Chef hatte ohnehin gerade von seinem Verwaltungsrat die Aufgabe bekommen, frische CEO-Kandidaten zu finden, nachdem der als Nachfolger vorgesehene Andrea Orcel abgesprungen war. So sagte Ermotti Kahn eine Aufnahme in der UBS-Konzernleitung zu - und Khan handelte bei Präsident Rohner ein ungewöhnliches Entgegenkommen aus: eine Verkürzung der Kündigungsfrist von sechs auf drei Monate.

Rohner kannte Khan seit mehr als zehn Jahren, und im Führungszirkel der Bank galt es als offenes Geheimnis, dass er in ihm einen möglichen Thiam-Nachfolger sah. Thiam musste plötzlich erfahren, dass ihn Rohner nicht voll stützte: Dass sich der Präsident überhaupt mit dem Zwist beschäftigte, war schon ein Affront für Thiam, der den Nachbarschaftsstreit als Privatsache abtun wollte.

Doch Khan stellte die mutmassliche Bedrohung durch Thiam offenbar als massiv genug dar, und so kam er mit der Verkürzung der Kündigungsfrist durch. Das musste der hochemotionale Thiam als Affront empfinden. Der Bankchef, der in seiner Heimat einen Putsch überlebt hatte, pflegte eine starke Freund-Feind-Kennung.

Khan hatte die CS Ende Juni verlassen, im August war sein Wechsel zur UBS verkündet worden. Anfang September kam es dann zu einer filmreifen Verfolgungsjagd in der Zürcher Innenstadt. Khan war schon beim Fussballplatz in Herrliberg aufgefallen, dass er verfolgt wurde. Er hatte die Verfolger-Limousine während der Fahrt mit seiner Frau in die Innenstadt im Auge.

In der Nähe des Fraumünsters hielt er an und ging auf die Verfolger zu. Es folgte ein Handgemenge, und die Verfolger fuhren überhastet davon. Auf wundersame Weise gelangte die Story am Abend in das oft gut informierte Finanzportal «Inside Paradeplatz». Die Schweiz hatte ihren ersten Spionageskandal in der Grossbankenwelt. Man konnte auch sagen: So tief war die Traditionsbank unter Thiam gefallen.

Am 1. Oktober trat Rohner dann allein, ohne Thiam, vor die Presse. Neben ihm sass der Anwalt Flavio Romerio von der CS-Hauskanzlei Homburger. Er lieferte das gewünschte Untersuchungsresultat: Die Bespitzelung sei ein Einzelfall, Thiam habe nichts gewusst, sein Adlat Pierre-Olivier Bouée habe die Bespitzelung eigenständig organisiert. Er wurde zusammen mit dem Sicherheitschef vor die Tür gesetzt.

Dass Thiam davon wirklich keine Kenntnis hatte, galt für die meisten Bankkenner als unwahrscheinlich. Denn es war eine ungewöhnliche Massnahme. Thiams Vorzimmer-Kapitän Bouée glänzte zwar oft durch vorauseilenden Gehorsam. Doch eine so spezielle Anordnung wie die Bespitzelung: Das wäre schon sehr

Abwärtsstrudel
Lex Greensill (l.), Iqbal Khan

viel Eigeninitiative gewesen für den servilen Stabschef. Sicher war: Es herrschte ein Geist der Skrupellosigkeit in Thiams engstem Zirkel, das hatte schon der Umgang mit den Händlern in New York gezeigt.

Aber Beweise für das Mitwissen Thiams gab es nicht. Sein Team versuchte fieberhaft, Schaden vom Chef abzuwenden, einmal mehr mit harten Bandagen. Der Name des beauftragten Detektivbüros gelangte an die Öffentlichkeit, ebenso der Name des Sicherheitsberaters - beides gegen den ausdrücklichen Wunsch der Beteiligten. Es kam zu einem Selbstmord. Dass sogar die ihm so lange wohlgesinnten Leitmedien wie «Financial Times» und Bloomberg seinen Rücktritt forderten, führte bei Thiam offenbar zu Wutausbrüchen.

Leider war es dann doch kein Einzelfall, wie Rohner behauptet hatte. Als die «NZZ» im Dezember berichtete, dass es noch einen weiteren Fall gab, war das Schicksal von Thiam besiegelt. Dass ausgerechnet der Personalmanager Peter Goerke Opfer einer Beschattung wurde, war bezeichnend: Der Schweizer war mit Thiam von Prudential gekommen und hatte vor dem Antritt des neuen Chefs für positive Stimmung in der Medienwelt gesorgt. Auch im innersten Zirkel war niemand sicher.

Doch Rohner tat sich weiterhin schwer mit der Absetzung seines Schützlings. Es war der CS-Vizepräsident und Roche-Chef Severin Schwan, der um seine Reputation zu fürchten begann und seine Stellung bei dem Pharmariesen gefährdet sah. Er setzte die Ablösung Thiams durch. Nach vier Jahren und sieben Monaten an der CS-Spitze musste der Ex-Versicherungsmanager gehen.

Nur vier Tage nach dem CS-Untergang, am 23. März 2023, sollte Thiam in der «Financial Times» einen Gastbeitrag publizieren, in dem er jegliche Verantwortung für die Katastrophe von sich wies. Er habe die schwierigen Situationen in seiner Zeit effektiv gemanagt, erst nach seinem Abgang seien die Dinge schiefgelaufen. Und die Risikokontrolle? Habe für ihn immer «erste Priorität» gehabt.

9. Kontrollversagen

Thomas Gottstein war wohl der unwahrscheinlichste Grossbankenchef, den die Schweiz je gesehen hatte. Normalerweise schafften es die Bankmanager erst nach heftigen internen Kämpfen, manchen Niederlagen und vielen spassfreien Tätigkeiten an die Spitze.

Doch Gottstein wollte eigentlich gar nicht Chef werden. Als Spross einer wohlhabenden Unternehmerfamilie - sein Vater war Inhaber der Maschinenfabrik Meteor - war er am linken Zürichseeufer aufgewachsen. In jungen Jahren war er mehrmals Schweizer Meister im Golf, als 21-Jähriger spielte er sogar bei der Golf-Europameisterschaft der Junioren mit und liess mehrere Profis hinter sich. Bis 2013 stand er neun Jahre in Folge an der Spitze des alljährlichen «Bilanz»-Rankings, das die besten Golfspieler unter den Managern kürt.

Standhaft weigerte sich Gottstein über all die Jahre, ein Foto von sich herauszugeben, und auch in den einschlägigen Golfgazetten mied er jede Ablichtung. Er war der Patensohn des langjährigen Bankgesellschafts-Lenkers Nikolaus Senn, bei der UBS-Vorgängerin hatte er auch begonnen. Im Jahr 1999 stiess er dann zur CS und war lange als Investmentbanker tätig, bevor er 2014 ins Private Banking wechselte und dort speziell die Betreuung der superreichen Privatkunden übernahm. Bei den Kunden und in seinem Team war der umgängliche Typ sehr beliebt. Aber ein Zahlenfresser wie Dougan war er nicht, ums Risikomanagement hatte er sich nie wirklich gekümmert.

Die Absage des von ihm lancierten Schweiz-Börsengangs war zwar eine Schlappe. Doch Schweiz-Vormann war Gottstein trotzdem geblieben - er hatte sich doch an die schönen Seiten des Chefdaseins gewöhnt. Als Thiam gehen musste, brauchte es schnell einen Nachfolger. Ein Auswahlverfahren wie bei Thiam gab es nicht, schon gar nicht neunzehn Bewerbungsgespräche. Der Verwaltungsrat hätte Gottstein - oder jemand anderes - auch erst als Interims-CEO bestellen können, um dann in Ruhe nach dem besten Kandidaten zu suchen.

Doch diese Ruhe nahm man sich nicht. Rohner hatte bereits seinen Abschied für das nächste Jahr verkündet, und auch sein Vize Schwan fragte sich längst, wie er die schlingernde Bank gesichtswahrend verlassen konnte. Dass Gottstein allein schon wegen seiner fehlenden Erfahrung in Schlüsseldisziplinen wie Handel, Informationstechnologie oder Risikokontrolle kein Chef für einen globalen Bankkonzern war, galt als offenes Geheimnis. Doch die Verantwortlichen hatten es eben eilig, und von der Finma kamen keine Einwände. Gottstein war die erste in einer Reihe von internen Notbesetzungen, die die Abwärtsspirale verschärfen sollten.

Der Vorteil: Gottstein konnte nach dem abrupten Abtritt Thiams am 14. Februar sofort loslegen. Sein Start war stark. Geschickt spielte er die Swissness-Karte und hob sich so wohltuend von seinem Vorgänger ab. In den heissen Tagen der Corona-Rettung im März 2020 nutzte Gottstein die Zürich-Connection zu Ueli Maurer, dem Finanzminister aus Hinwil im Zürcher Oberland, gerade 30 Kilometer vom CS-Hauptsitz entfernt, und gleiste mit ihm in Absprache mit Finma und Nationalbank das Covid-19-Kreditprogramm auf.

Bislang sah sich eigentlich die grössere UBS in der Rolle des nationalen Platzhirschs. Doch jetzt schlug Gottstein plötzlich den Tessiner Ermotti in der Disziplin, in der dieser wiederum stets Thiam distanziert hatte: Swissness. Dass Gottstein auch gleich ankündigte, etwaige Gewinne aus dem Programm spenden zu wollen, machte den PR-Triumph perfekt.

Über seinen Einsatz in der Corona-Krise parlierte er zuerst in der volksnahen «Schweizer Illustrierten» und gab sich als normaler Vater, der seinen jüngeren Sohn beim Homeschooling unterstützt («Der ist zwölf, da kann ich bei Mathematik und Deutsch noch helfen»). Anfang Juli nahm er als erster Bankchef am «Donnschtig-

Jass» des Schweizer Fernsehens teil und liess sich sogar zu einer Runde Minigolf herab, in der Golfszene eher reputationsschädigend. «Man kann nicht erfolgreich sein im Geschäftsleben, wenn man nicht auch Teamplayer ist», verkündete er. Der Gegensatz zu Thiam hätte nicht grösser sein können.

Auch für die UBS war der neue Mann ein Hoffnungsträger. Nach Gottsteins Antritt nahmen Axel Weber und Sergio Ermotti einen weiteren Anlauf für das «Projekt Signal». Rohner war auf Webers Seite, für beide Präsidenten bot sich die Chance, ihre auslaufenden Amtszeiten zu verlängern. Für den späteren Verlauf der Geschichte besonders interessant: Erstmals wurde auch Bern eingeweiht. Die Führungsspitzen sprachen bei Finanzminister Maurer vor, der sich offen zeigte, auch Nationalbank-Chef Thomas Jordan hatte Kontakt mit den Präsidenten und zeigte sich nicht abgeneigt. Schon damals in der Juniorrolle: die Finma, die mit Mark Branson allerdings noch einen Chef hatte, der aus dem Bankgeschäft kam. Für die UBS war auch weiterhin das defensive Motiv wichtig: verhindern, dass sich einer der grossen ausländischen Rivalen die angeschlagene CS schnappt.

Im September berichtete «Inside Paradeplatz» über die Verhandlungen. Doch da waren sie schon vorbei. Wieder hatte die CS abgesagt. Inhaltlich sahen die CS-Chefs vor allem die Überlappungen im Heimmarkt und die Kartellthematik als zu gravierend an. Zudem: Das Austauschverhältnis war zu stark aus der Spannbreite für einen Merger of Equals von 55 zu 45 Prozent gefallen, und Gottstein wollte partout keine Übernahme. Auch im Verwaltungsrat fand Rohner nicht genügend Mitstreiter für die Idee. Bitter: Damals hätten die Anteilseigner für etwa 1,5 CS-Aktien eine UBS-Aktie bekommen. Am Ende waren es 22.

Natürlich kündigte auch Gottstein bei der Verkündung seiner ersten Halbjahreszahlen im August einige Anpassungen an, doch sie schlugen gegen aussen keine grossen Wellen. Wer genau hinsah, sah jedoch eine interessante Neuerung. Gottstein drehte die unsinnige Regionalisierung zumindest formal leicht zurück. Das Investmentbanking wurde wieder mit globalen Berichtslinien geführt, vor allem die Eigenständigkeit Asiens wurde beschnitten.

Als Chief of Staff hatte sich Gottstein einen alten Bekannten geholt: den von Thiam geschassten Ex-Risikochef Joachim Oechslin. Die Investmentbanking-Einheiten wurden zusammengelegt, mit dem Amerikaner Brian Chin gab es nur noch einen Spartenchef.

Doch gleichzeitig traf Gottstein einen Entscheid, der das Risikomanagement weiter schwächen sollte. Er stärkte die Macht von Lara Warner, indem er Compliance und Risikomanagement unter ihr zusammenlegte. Die Finma hatte eine solche Massnahme zuvor in einem Entscheid explizit autorisiert. Was in der Theorie eine bessere Gesamtübersicht bringen sollte, wurde bei der CS wie so oft zu einem Sparprogramm: Die Risikofunktionen wurden weiter ausgedünnt, was in der Pressemitteilung als «Realisierung von signifikanten Effizienzpotenzialen» verbrämt wurde. Doch grosse Aufmerksamkeit erlangte all das nicht. Die Geschäfte liefen passabel, der Corona-Schock war an den Börsen schnell verdaut.

Von seinem Präsidenten kamen kaum noch Impulse. Die Beschattungsaffäre um Iqbal Khan hatte nicht nur Thiams Abgang besiegelt, sondern auch Rohner massiv geschwächt. Ende 2019, nach dem Bekanntwerden des zweiten Beschattungsfalls, hatte die Finma einen Prüfungsbeauftragten eingesetzt: Thomas Werlen von der scharfen US-Kanzlei Quinn Emanuel, ehemals General Counsel bei Novartis und mit höchster juristischer Wall-Street-Erfahrung bestückt. Die Bank hatte mit fadenscheinigen Argumenten versucht, die Bestellung Werlens als Finma-Mandatsträger zu verhindern. Vergeblich. Im September eröffnete die Behörde offiziell das Enforcement-Verfahren.

Der erratische Grossaktionär David Herro vom amerikanischen Geldverwalter Harris Associates sollte später behaupten, Rohner habe bei ihm noch eine Verlängerung seiner Amtszeit ausgelotet. Der Präsident bestritt das. Er hatte die Limite von zwölf Jahren VR-Mitgliedschaft ja selbst eingeführt.

Rohner portierte auch einen Favoriten für die Nachfolge: den Veteranen Ulrich Körner, der vor seinem Wechsel zur UBS lange bei der CS gearbeitet und Rohner dort zuweilen technische Bankprobleme erklärt hatte. Körner hatte dann auch bei der UBS gekündigt und war verfügbar.

Doch jetzt übernahm sein Vize Schwan als Chef des Nominationskomitees das Kommando und schickte die Personalfahnder von Egon Zehnder los. Sie kamen mit einer klassischen Headhunter-Lösung: stark auf dem Papier, doch in der Praxis - wie sich später zeigen sollte - problematisch. Der Portugiese António Horta-Osório war zehn Jahre Chef der britischen Grossbank Lloyds gewesen. Ein Investmentbanker war er zwar nicht, aber immerhin ein Mann mit grosser Bankerfahrung. Im November wurde die Wahl publik. Bei der Finma war die Erleichterung gross. Endlich ein Banker an der Spitze.

Und so ging Gottstein mit viel Optimismus in sein zweites Jahr. «Strategisch viel erreicht» habe die Bank, betonte er Anfang 2021 gegenüber «Bilanz». «Wir haben die strategischen Weichen für zukünftiges Wachstum gestellt. Jetzt können wir uns in diesem Jahr voll auf das operative Geschäft konzentrieren.» Er wollte wieder angreifen: «Ein Einstieg in den US-Wealth-Management-Markt könnte ein Thema sein, wir schauen das mittel- bis langfristig an unter Einbezug der Regulatoren.»

Dass die CS ein Grössenproblem hatte, bestritt er: «Wir haben in den meisten Märkten, wo wir im Wealth Management aktiv sind, eine Top-3-Position.» Er leistete sich auch eine Distanzierung von der radikalen Kostenlogik seines Vorgängers. «Ich halte nichts von absoluten Kostenzielen, man muss das immer dynamisch anschauen.» Thiam hatte genau mit diesen absoluten Zielen die grossen Spareffekte erzielt.

Es war wie so oft in den letzten Jahrzehnten bei der CS. Wenn die Börsenwinde stimmten, lief das Geschäft halbwegs. Doch unter Deck frass sich die Fäulnis weiter vor - und jetzt zerbarsten die Stützpfeiler.

Mit Lex Greensill hatte Gottstein ein kurzes Begrüssungsgespräch geführt, zwanzig Minuten, mehr nicht. Wegen Corona fand das Gespräch per Zoom statt. Einen genauen Überblick über das Gesamt-Exposure des an so vielen Ecken mit der Bank verbandelten Australiers hatte Gottstein nicht - und forderte ihn auch nicht ein. Die Geschäfte liefen, der Zufluss in die Fonds war passabel.

Dann brach der Sturm los. Offenbar war es der CS entgangen, dass die als Absicherung gepriesene Versicherungslösung ausgelaufen war. Im Sommer 2020 beschloss der Versicherer Tokio Marine, aus dem Geschäft auszusteigen, und kündigte die Versicherungsverträge per 1. März 2021. Das wurde Greensill als Versicherungsnehmer mitgeteilt.

Doch der leitete diese Information nicht an die CS weiter, so der spätere Vorwurf der Grossbank. Greensill selbst behauptete gegenüber einem Gericht in Australien, die CS sei sehr wohl informiert gewesen, er habe Risikochefin Lara Warner Meldung erstattet.

Die CS pochte darauf: Erst am 22. Februar, eine Woche vor Ablauf des Versicherungsschutzes, sei man informiert worden. Es habe dann noch Telefonate von Greensill mit Konzernleitungsmitgliedern der CS gegeben, und Greensill persönlich habe angedeutet, dass in Sachen Versicherung vielleicht doch noch etwas zu machen sei. Doch dazu kam es nicht.

Gottstein musste handeln. Am Montag, 1. März, verkündete die Bank einen Handelsstopp ihrer Lieferkettenfonds. Am 8. März wurde gegen Greensills Firma ein Insolvenzverfahren eingeleitet. Mehr als zehn Milliarden Franken von CS-Kunden lagen in den Fonds, gegen 2,5 Milliarden waren nach den letzten Schätzungen zum Zeitpunkt des CS-Untergangs noch ausstehend. Es war ein Totalversagen des ausgehöhlten Risikomanagements mit der unerfahrenen Warner an der Spitze.

Doch nach aussen gab sich die Bank handlungsstark. Der Schweizer Asset-Management-Chef Michel Degen wurde vor die Tür gesetzt, und Rohner nutzte die Chance, um seinem Weggefährten, dem er eigentlich seine Nachfolge versprochen hatte, zumindest eine Gefälligkeit zu erweisen. Als VR-Präsident hatte er Ulrich Körner nicht durchsetzen können. Dafür machte er ihn nach dem Greensill-Unfall zum Chef des Asset Managements. So war dieser nach elf Jahren zurück.

Doch dann kam der zweite Schlag: Am 6. April kollabierte Archegos. Als die überforderten Händler dort in Windeseile die Papiere abstossen mussten, blieben sie hinter den Konkurrenten zurück - und am Ende auf dem grössten Verlust sitzen. Von den zehn Milliarden Dollar, die bei Archegos verloren gingen, landeten 5,5 Milliarden bei der CS.

Die direkte Linie zu der Schwächung des New Yorker Teams nach Thiams erstem grossem Handelsverlust fünf Jahre zuvor war offensichtlich. Jetzt musste Brian Chin, der Mann, der damals eingesetzt wurde, auch gehen - gemeinsam mit der lange so hochgelobten Lara Warner. Besonders peinlich: Die Bank hatte mit Archegos im Jahr vor dem Crash gerade 16 Millionen Dollar Gebühreneinnahmen realisiert. Eine risikobasierte Analyse des Kunden, die Warner hätte liefern müssen, fand nicht statt. Sie hätte angesichts der spärlichen Einnahmen zwangsläufig zur Beendigung der Kundenbeziehung führen müssen.

Und wer war ihr Nachfolger? Der von Thiam geschasste Oechslin. Dass seine Wiedereinsetzung eine der letzten Amtshandlungen Rohners war, zeigt das Versagen des Risikomanagements im Verwaltungsrat: Rohner segnete die Reinstallation des Managers ab, dessen Ablösung Thiam durchgesetzt hatte und der sich gegen die schleichende Aushöhlung des Risikomanagements gewehrt hatte.

Der Verwaltungsrat war maximal blamiert. Den dortigen Risikoausschuss leitete ein gewisser Andreas Gottschling. Seine Bankerfahrung hatte er vor allem bei der Ersten Bank in Wien gesammelt, keine wirkliche Topadresse der Hochfinanz. Ein Jahr später sollte er einen Tag vor der Generalversammlung überstürzt abtreten - die Schmach der Abwahl drohte. Es war die Bankrotterklärung des Kontrollsystems unter der Führung von Rohner und Thiam.

Und auch die Finma musste sich einmal mehr fragen lassen: Wie hatte sie die Bestellung Warners als oberste Risikochefin absegnen können? Die Managerin hatte bis dahin praktisch keine Erfahrung in dieser Schlüsseldisziplin.

Eine sehr spezielle Erfahrung der geschassten Risikochefin hatte da besondere Symbolkraft. Das Staatssekretariat für Wirtschaft (Seco) sollte wegen der unsauber deklarierten Greensill-Fonds sogar eine Strafanzeige wegen unlauteren Wettbewerbs stellen. Warner wurde von der Polizei bei einem Besuch in Zürich in einem Hotelzimmer festgehalten, ihr Mobiltelefon und ihr Laptop wurden konfisziert.

Fehlende Kontrollen
Thomas Gottstein, Lara Warner

So tief war Thiams vermeintlicher «Rising Star» gefallen. Die Risikochefin im Zentrum einer Strafuntersuchung: Das war sogar in der an Skandalen reichen Geschichte der Bankenwelt eine besonders spektakuläre Wende.

Für Rohner war es der ultimative GAU. Statt eines ruhigen Abtritts mit viel Dankesreden hatte er zum Schluss seines insgesamt 17-jährigen Wirkens bei der Bank einen Doppelschlag zu verdauen, der die Bank zwei Jahre später direkt in die Arme der UBS treiben sollte. Und ein Satz war gerade bei den gebeutelten Investmentbankern immer wieder zu hören: «Unter Dougan wären beide Unfälle nie passiert.»

Bei mehr als 60 Franken lag der Kurs im Jahr 2009, dem Eintritt Rohners in den Verwaltungsrat. Bei seinem Abtritt war er unter zehn Franken gefallen. Als er in den Verwaltungsrat eintrat, war die CS der grosse Gewinner der Finanzkrise. Bei seinem Abschied war sie der grösste Sanierungsfall unter den 30 systemrelevanten Banken des Planeten.

Am 19. Oktober, fünfeinhalb Monate nach seinem Ausscheiden, veröffentlichte die Finma ihren Enforcement-Bericht zur Beschattungsaffäre und konstatierte «schwere Aufsichtsrechtsverletzungen». Der Zürcher Quinn-Emanuel-Statthalter Werlen hatte ein verheerendes Sittenbild gezeichnet: Eine Firmenkultur, in der Profit vor Kontrolle steht. Ein Verwaltungsrat mit mangelhaftem Überwachungs- und Führungsvermögen. Und eine operative Führung, die kaum auf Fachkompetenz achtete. Schon damals, so das Fazit des Gutachtens, hätte die Führungsriege praktisch komplett ausgewechselt werden müssen.

Dass die CS bis zum Ende die Bestellung Werlens verhindern wollte, passte ins Bild. Ein Ziel hatte Rohner damit zumindest erreicht: Er konnte eine Veröffentlichung des Finma-Verdikts noch vor seinem Abtritt verhindern. Wäre er noch im Amt gewesen, wäre seine Glaubwürdigkeit endgültig erschüttert gewesen. Es wäre sogar ein Berufsverbot möglich gewesen.

Rohner hatte die Beschattung im Oktober 2019 in einer eilends einberufenen Pressekonferenz noch als «isolierten Einzelfall» dargestellt. Jetzt stellte der Enforcement-Bericht fest: Es waren sieben Fälle. Es war die formale Bestätigung der Aufseher: Der Präsident wusste nicht, was in seiner Bank vorging.

10. Schnelles Aus

Der neue Präsident wollte mit den Grossunfällen in keiner Form in Verbindung gebracht werden und setzte deshalb auf eine Tugend, welche die Bank bis dahin immer gemieden hatte: Aufklärung. António Horta-Osório gab bei der renommierten New Yorker Kanzlei Paul, Weiss ein Gutachten in Auftrag, das das Kontrollversagen bei Archegos auf 172 Seiten schonungslos offenlegte.

Die Bank veröffentlichte den Bericht sogar auf ihrer Webseite und stellte eine eigene sechsseitige «Response der Credit Suisse zum Paul-Weiss-Bericht» ins Netz. Es war eine Abrechnung mit dem Missmanagement im Risikobereich. Für ein Geldhaus, das über Jahrzehnte seine Verfehlungen systematisch abgestritten hatte und bei Vorwürfen stets erst mal die Gegenseite attackierte, stellte es eine höchst ungewöhnliche Kommunikation dar.

Denn was so technisch daherkam, war das Eingeständnis eines gigantischen Kulturversagens. Es waren Basisprinzipien, die bei jeder globalen Grossbank galten, die die taumelnde CS aber erst wieder einführen musste, wie sie in ihrer Selbstanklage festhielt: einen «ganzheitlichen, umfassenden Risikomanagementansatz», inklusive Warnsignalen «zu Limitenüberschreitungen neu auf höheren Führungsebenen», und «ein Risk Management Committee auf Ebene der Geschäftsleitung, in dem zuvor separate Risikoausschüsse zusammengeführt werden». Es war das technisch formulierte Eingeständnis: Die vorherige Führung hatte keine Ahnung, dass bei der exzessiven Party im Keller ihres Hauses das Fundament irreparabel beschädigt wurde.

Die radikale Sprache zeigte die Handschrift des neuen Präsidenten. «Jeder muss der erste Risikomanager sein», lautete die

Botschaft an seine Mitarbeiter. Besonders die Finma setzte grosse Hoffnungen in ihn. Bei dem Nicht-Banker Rohner blinkten am Ende fast alle Lampen rot. Horta-Osório hatte jedoch 30 Jahre an der Spitze von verschiedenen Banken gestanden. Die Aufseher liessen auch keine Zweifel, in durchaus deutlichen Briefen: Die Kontrollen mussten stark verbessert werden.

Auch war offensichtlich, dass der CEO Gottstein durch Archegos und Greensill heftige Schrammen abbekommen hatte, auch wenn die Entstehung vor seinem Antritt als Chef lag. Dass er über praktisch keine Erfahrung für die Führung eines globalen Bankkonzerns verfügte, war dem neuen Präsidenten und auch der Finma bewusst. Er stand unter verschärfter Beobachtung. Im Juli 2023 sollte der «SonntagsBlick» vermelden, dass die Finma sogar ein Enforcement-Verfahren gegen Gottstein gestartet habe.

Mit dem Amerikaner David Wildermuth fand der Portugiese einen Goldman-Sachs-Veteranen als Nachfolger von Oechslin, der von vornherein signalisiert hatte, dass sein Comeback nur temporär sei. Oechslin hatte das Risikomanagement neu aufgestellt und einfache Grundlagen zurückgebracht: Aufstockung des Personals, Stärkung der globalen Berichtslinien, Reduktion der Risikokonzentration, Installation eines Cockpits auf der Führungsebene.

Doch die Versäumnisse in der Infrastruktur liessen sich nicht so schnell beheben: Das Gesamt-Exposure etwa für den chinesischen Immobilienriesen Evergrande oder nach Beginn des Ukraine-Kriegs für den russischen Markt war nicht vollständig darstellbar. Wildermuth, der von Goldmann Sachs das wohl beste Risikomanagement der Branche kannte, schüttelte nur den Kopf.

Horta-Osório liess in Hintergrundgesprächen keinen Zweifel daran, dass er auch die aggressive Rechtsstrategie seines Vorgängers für schädlich hielt und er jetzt pragmatisch vorgehen wollte. Und er gewann einen Mann mit ebenfalls intakter Reputation als Chef des Risikoausschusses: Axel Lehmann, gerade bei der UBS als Schweiz-Chef ausgeschieden und jetzt durchaus offen für attraktive Mandate. Die Rettung des schlingernden Rivalen hatte für ihn auch ein patriotisches Element.

Jedoch: Den grossen Angriff aufs Investmentbanking startete auch der neue Präsident nicht. Durch den harten Sparkurs und das Schliessen ganzer Abteilungen hatte der Bereich nur noch drei wirkliche Ertragsbringer: Das Prime-Brokerage-Geschäft, bei dem die Bank an grosse Kunden Geld verlieh und über die Gebühren Geld verdiente. Es lag noch am nächsten am Wealth Management. Doch es war durch den Archegos-Verlust schwer beschädigt.

Und dann gab es noch zwei Segmente, die mit dem Wealth Management nichts zu tun hatten. In ihrer «Securitized Products»-Sparte war die Bank in den USA sogar Marktführer: Sie verbriefte Kreditpapiere wie Hypotheken oder Kreditkartenschulden und verkaufte sie als Wertschriften weiter. Und im Bereich «Leveraged Finance» bot sie spezielle Kreditfinanzierungen mit erhöhtem Risikoprofil. Beide profitierten massiv vom Tiefzinsumfeld und spülten im Boomjahr 2021 ordentlich Geld in die Kasse.

Horta-Osório prüfte dann auch den Verkauf von allen drei Geschäften. Doch am Ende entschied er sich für den einfachen Weg: Er stiess nur das Prime-Brokerage-Geschäft ab. Da war er wie Thiam und Rohner: Für die radikale Lösung fehlte ihm der Mut. Im Nachhinein sollten viele CS-Banker sagen: Er hatte den Zeitpunkt verpasst, als an den Märkten noch ein geregelter und passabel zu finanzierender Ausstieg aus dem Investmentbanking möglich war.

Seine überarbeitete Strategie, zu schnell präsentiert und mit dem Tiefzinsumfeld als Geschäftsgrundlage, stellte er im November vor. «Das Risikomanagement steht im Mittelpunkt», hiess es gleich im ersten Satz. Die Strategie unterstreiche das «integrierte Geschäftsmodell». Thiams Dezentralisierungs-Fehlgriff war Geschichte. Es galt wieder das «One Bank»-Mantra, das Grübel einst eingeführt hatte.

Doch der neue Präsident machte sich schnell Feinde. Kurz nach seinem Antritt hatte ihn die Queen für seine Verdienste um das britische Bankwesen in den Adelsstand erhoben. In seinen ersten Pressemitteilungen ordnete er an, dass die Bezeichnung «Sir» explizit erwähnt werden müsse. Sonst hatte er mit Tidjane Thiam nicht viel gemeinsam. Aber beide verband ein - milde formuliert - ausgeprägtes Sendungsbewusstsein. Thiam hatte sich am Anfang seiner Amtszeit einen hoch bezahlten Schweizer PR-Berater geleistet, der ihn darauf aufmerksam machte, dass er in Pressemitteilungen das «Ich» vermeiden und auf «Wir» wechseln solle. Es dauerte auch einige Wochen, bis Horta-Osório auf das «Sir» verzichtete.

Mit der Konzernleitung und insbesondere CEO Gottstein schwollen die Spannungen schnell an. Zwar demonstrierte das Duo nach aussen Eintracht. Gemeinsam traten sie etwa im «Sonntags-Blick» auf und witzelten über Golf und Tennis («Thomas spielt besser Golf als ich Tennis» - Gottstein: «Da bin ich mir nicht so sicher» - Horta-Osório: «Du hast am letzten Sonntag beim Golfen unentschieden gespielt, ich habe meine Tennispartie verloren. Das ist Beweis genug»). Derartige Kindereien seien «Gift in einer Situation, in der die Zukunft der Grossbank ungewiss scheint», befand die «NZZ». «Schweigen wäre die bessere Strategie gewesen.» Und auch hier galt: je bemühter der Treueschwur, umso näher der Eklat.

Als Novize in der Schweiz beging Horta-Osório zudem den Fehler so vieler Präsidenten von aussen: Sie interpretierten das Schweizer Aktienrecht, das ihnen die strategische Oberleitung zusprach, als Freifahrtschein zum Durchgreifen. Immerhin bescherte ihnen diese helvetische Sonderrolle auch die höchsten Saläre der Chairman-Welt: Horta-Osório bezog wie schon Rohner mehr als vier Millionen Franken pro Jahr - in etwa so viel, wie er bei Lloyds verdient hatte. Aber da war er CEO. Den Wechsel vom operativen Konzernchef zum Chairman vollzog der Portugiese nicht wirklich. Er sah sich mehr selbst als CEO und Gottstein als seinen COO. Dazu fühlte er sich auch durch die Finma ermutigt.

Der Apparat schlug zurück. Auf wundersame Weise landete die Information im «Blick», dass der Präsident gegen die Corona-Bestimmungen verstossen hatte. Jeder Mitarbeiter sollte der erste Risikomanager sein, hatte der Präsident gefordert - nur er selbst war es nicht. So kam aus, dass er den Firmenjet, den er sehr offensiv einsetzte, auch in der vom Bundesrat strikt verordneten Home-office-Periode genutzt hatte.

Später wurde bekannt, dass er schon bei seinem Wimbledon-Finalbesuch im Sommer gegen die britischen Quarantäneregeln verstossen hatte. Eigentlich Petitessen. Doch wenn ein Präsident einen Kulturwandel verkörpern will, lebt er besonders von der Glaubwürdigkeit. Und die war irreparabel erschüttert.

Die Bank gab zwei Untersuchungsberichte in Auftrag. Sie wurden zwar nicht veröffentlicht, doch im Verwaltungsrat war die Entscheidung deutlich: Von den 13 Mitgliedern votierte nur der von Horta-Osório frisch in das Kontrollgremium geholte Spanier Juan Colombas für den Portugiesen.

Dass Horta-Osório auch den Verwaltungsrat, der bei den Grossunfällen Greensill und Archegos seine Kompetenzmängel eindrucksvoll demonstriert hatte, sehr kritisch sah, hatte am Ende seinen Abgang befördert. Viele Mitglieder hatten schlicht Angst, die gut dotierten Jobs zu verlieren - wer einen Ausschuss leitete, konnte bis zu 900 000 Franken holen. Nicht einmal neun Monate hatte der Hoffnungsträger Horta-Osório überlebt.

Treiber der Absetzung war wieder Vizepräsident Schwan, dem durch die CS-Dauerkrise ernsthafte Probleme bei Roche drohten - die Eigentümerfamilie des Basler Traditionskonzerns achtete sehr auf wertegetriebene Führung. Schwan wollte bei dem Pharmakonzern unbedingt Präsident werden, den Austritt aus der Pannenbank hatte er schon beschlossen. Doch würde er das CS-Schiff jetzt mit einem angeschlagenen Präsidenten verlassen, sähe der Abgang noch mehr nach Fahnenflucht aus. Es brauchte eine schnelle Lösung.

Als der Verwaltungsrat nach einem hitzigen Wochenende im Januar 2022 an einem Sonntagabend Thomas Gottstein über die Absetzung Horta-Osórios informierte, wollen Nahestehende ein breites Grinsen auf dessen Gesicht entdeckt haben.

Allerdings: Es braucht eben immer auch eine Alternative für derart schnelle Wechsel. Dass die Mehrheit des bislang mit eher wenig Bankexpertise gesegneten Verwaltungsrats den Daumen senkte, hatte auch mit dem Neuen am Tisch zu tun. Er war sogar einmal als UBS-Präsident gehandelt worden und verströmte durchaus präsidialen Habitus: Axel Lehmann.

Mit weitsichtiger Personalplanung hatten die Entscheide schon längst nichts mehr zu tun. Der neue Präsident kam wie zuvor schon der neue CEO abrupt und ohne Auswahlverfahren zu seinem Job: Ein Zufallspräsident traf auf einen Zufalls-CEO.

Ein Mann hatte zuvor allerdings abgelehnt. Auch Sergio Ermotti, der nach seinem Ausscheiden bei der UBS im Herbst 2020 das Präsidium der Swiss Re übernommen hatte, erhielt eine Anfrage, ob er nicht das CS-Präsidium übernehmen wolle. Es wäre ein reputativer Befreiungsschlag für die schlingernde Bank gewesen. Doch noch war der Tessiner zu frisch bei dem Rückversicherer, er fühlte sich dort verpflichtet. Und vor allem spürte der Marktprofi: Das Drama hatte erst begonnen. Noch musste er nicht einsteigen.

Kurzzeit-Präsidenten
António Horta-Osório (l.), Axel Lehmann

11. Plötzlich Präsident

Das Jahr begann ruhig, und nach der mirakulösen Börsenbonanza von 2021, die der Investmentbank ordentliche Gewinne gebracht hatte, war zunächst kein grosser Sturm in Sicht. Das neue Risikomanagement war installiert, mit Wildermuth war ein kompetenter Mann an Bord. «Es braucht keine neue Strategie», verkündete der frisch gekürte Präsident Axel Lehman kurz nach dem Hauruck-Abgang seines Vorgängers Horta-Osório.

Doch in gewisser Weise ähnelte die Situation den Monaten vor dem Dotcom-Crash von 2001. Die CS flog hoch, weil die Börsenmusik aus vollen Röhren dröhnte. Als die Musik dann abrupt stoppte, traf es die Bank so stark wie keine andere.

Von der Zeitenwende durch den russischen Überfall auf die Ukraine sollte in den nächsten Wochen viel die Rede sein. Doch für die Bank sollte sich eine andere Zeitenwende als viel gravierender herausstellen: die Zinswende. Viel zu lange hatten die grossen Notenbanken die Inflationsgefahr kleingeredet und sie als temporäre Corona-Verwerfungen dargestellt.

Jetzt begannen sie mit überhasteten Zinssteigerungen - und die Geschäfte, die die CS in Boomzeiten stark gemacht hatten, brachen ein: Kreditfinanzierungen, Hochzinsverbriefungen, Börsenmäntel mit dem schönen Namen SPAC. Alle Investmentbanken wurden von dem Abschwung stark getroffen - aber niemand so stark wie die von Greensill und Archegos ramponierte CS. Die Angebotspalette durch Thiams Sparkurs brutal ausgedünnt, der Kostenblock viel zu hoch: Das Modell war nicht für Krisenzeiten gemacht.

Allein im ersten Quartal verlor die Investmentbank eine Milliarde Franken, der Kurs brach zwischen Anfang Februar und Ende

April um mehr als 30 Prozent ein, die an den Märkten intensiv beäugten CDS-Spreads - Kreditausfallversicherungen, mit denen der Markt die Konkurswahrscheinlichkeit bewertete - zogen an. Der findige Finanzchef Mathers sprach von einer Delle und prophezeite ein deutlich stärkeres zweites Quartal.

Doch die Verluste setzten sich fort und griffen sogar die stabile Vermögensverwaltung an. Zwar zogen die Kunden noch nicht in grossem Stil Mittel ab. Aber frisches Geld kam auch nicht herein. Jetzt rächte sich, dass die CS auch ihr Wealth Management viel aggressiver als die UBS betrieb: Die Kosten für die Kundenkredite schossen in die Höhe, die Rentabilität der Portfolios sank.

Plötzlich war Lehmann stark gefordert - eine für ihn ungewohnte Situation. Den Grossteil seines Berufslebens hatte er beim Versicherungskonzern Zürich verbracht, dort war er zum Leiter Nordamerika und zum Risikochef aufgestiegen. Er hatte sich einst Hoffnung auf den CEO-Posten gemacht, doch der Verwaltungsrat vermisste das Truppenführer-Gen bei dem hochanständigen Mann. Er wechselte zur UBS, erst in den Verwaltungsrat, dann in die Konzernleitung und schliesslich auf den Posten des Schweiz-Chefs.

Auch hier hatte er mehr den Ruf des Verwalters. Viele Führungskräfte machten seine Jahre in der Versicherungswelt dafür verantwortlich - dort waren die Abläufe eben gemächlicher als im schnell getakteten Banking. Durch harte Entscheide war er bei der UBS nicht aufgefallen. Jetzt war er plötzlich Herr des holzgetäfelten Verwaltungsratszimmers, das den ehrfürchtigen Besuchern die Gemälde der CS-Präsidenten seit 1856 darbot, mitsamt dem schönsten Blick über den Paradeplatz. Und er stand vor dem schwierigsten Sanierungsfall der Bankenwelt.

Doch das war auch eine Chance: Er hatte es nie ganz nach oben geschafft - jetzt konnte er als Retter der Traditionsbank in die Geschichte eingehen. Und da wurde Lehmann plötzlich zum Revolutionär.

Das erste Signal, dass die alten Zeiten vorbei waren, zeigte sich an der Personalfront. Langzeit-Finanzchef Mathers, Erschaffer eines kaum durchschaubaren Firmen- und Zahlengeflechts, wurde von Bord geschickt - zusammen mit einem zweiten Veteranen: Rechtschef Romeo Cerutti, der die aggressive Rechtsstrategie im Geiste Rohners zu lange umgesetzt hatte. Es war ein starkes Zeichen. Die Finma begrüsste die längst überfälligen Wechsel.

Im Verwaltungsrat stiess Lehmann eine Strategieüberprüfung an, und die nüchterne Analyse des langjährigen Risikomanagers war eindeutig: In den letzten 15 Jahren hatte die Bank im Investmentbanking aggregiert nur Kapital verbrannt (dass diese Analyse sogar für die letzten 45 Jahre galt, seit dem verhängnisvollen Einstieg Rainer E. Guts in dieses Geschäft, sollte dann Historikerstoff werden).

Den grossen Abbau, wie ihn die UBS 2012 mit «Accelerate» umgesetzt hatte, hatte sich bis dahin keiner der Verantwortlichen getraut - kein Rohner, kein Thiam, kein Horta-Osório und schon gar kein Dougan. Zu wichtig waren die Erlöse in guten Zeiten für Gewinn und Boni, inklusive der eigenen. Lehmann sass damals im UBS-Verwaltungsrat und hatte die geglückte Transformation begleitet. Jetzt wollte auch er gross an das Problem herangehen - allerdings mit deutlich grösserem Druck: Die Bank reihte ein Verlustquartal ans andere, die Gewinnwarnungen nahmen zu.

Und das war das Problem: Ein derartiger Grossabbau liess sich eigentlich nur bei steigenden Märkten durchziehen. Der UBS-Umbau wurde in einer Aufschwungphase lanciert, und die UBS war kein Sanierungsfall - bei der Abwicklung der Investmentbank liessen sich viele Produkte sogar besser verkaufen als erwartet.

Eine deutlich grössere Investmentbank in fallenden Märkten abwickeln zu wollen, war dagegen fast eine Mission Impossible. Selbst profitable Sparten verloren heftig an Wert, und fröhliche Käufer gab es nicht mehr. Als Grübel etwa die Winterthur verkaufte, wartete er bis zur Markterholung. Jetzt brannte das Haus - und Lehmann wollte nicht nur den Brand löschen, sondern gleichzeitig auch das obere Stockwerk abtragen und den Dynamitkoffer den Flammen entreissen.

Zudem: Im New Yorker Investmentbanking hatte der langjährige Versicherungsmanager Lehmann praktisch keine Erfahrung. Und so wiederholte sich am Ende der Bank, was schon seit dem Einstieg bei der First Boston galt: Die Amerikaner bestimmten - und sie hatten nicht das Wohlergehen der Bank, sondern das eigene Konto im Kopf. Es war der New Yorker Financier Michael Klein, seit 2018 im CS-Verwaltungsrat, der den Plan für die Abspaltung des Investmentbankings ausarbeitete.

Klein hatte einen durchzogenen Ruf. 2008 hatte er die Citibank nach einem verlorenen Machtkampf verlassen, seither suchte er in seiner eigenen Firma nach Investmentideen. Zuletzt hatte er sich bei hochspekulativen SPAC-Börsenmänteln verhoben. Er galt als Einpeitscher, der, anders als Lehmann, die Truppen mit Kampfparolen hinter sich scharen konnte. Sein Netzwerk reichte in viele auch schattige Ecken. Eng waren die Drähte etwa zum saudischen Herrscher Mohammed bin Salman. Die wenigen Mitarbeiter, die noch aus den 1990er Jahren dabei waren und ihn bei Auftritten erlebten, fühlten sich an den Geldritter Allen Wheat erinnert.

Das Problem: Der eingefleischte Dealmaker hatte seine eigene Agenda – er wollte sich das Investmentbanking möglichst billig sichern. Dass er da ausgerechnet den Namen der Zockerbude First Boston reaktivierte, passte ins Bild. Die Amerikaner dachten an die glorreichen 1980er Jahre, die Schweizer an den schmerzhaften Rest. Ein weiteres Déjà-vu: das Bündnis mit reputativ eher zweifelhaften Investoren aus dem Mittleren Osten. Bei der ersten CS-Krise 1990 kam der saudische Grossaktionär Olayan, in der Finanzkrise kauften sich die Katarer ein – und jetzt brachte Klein die von bin Salman kontrollierte Saudi National Bank.

Es waren zwei diametrale Sichten: Lehmann wollte als Bankretter in die Geschichte eingehen – Klein für sich einen starken Deal herausholen. Und so bastelte die kleine Gruppe im Verwaltungsrat um Lehmann und Klein eine Strategie, die in steigenden Märkten vielleicht eine Chance gehabt hätte. Doch kaum im grossen Zinswende-Jahr 2022. Lehmann wollte tatsächlich den ganz grossen Wurf: Die Bank sollte sich von den beiden grossen noch verbleibenden Investmentbanking-Sparten trennen.

Für das Leveraged-Finance-Geschäft bot sich Klein mit seiner revitalisierten First Boston an, in die er auch gleich seine eigene Firma einbringen – und dafür gut kassieren – wollte. Und für das erfolgreiche Securitized-Products-Geschäft kam eine andere Verwaltungsrätin ins Spiel. Die amerikanisch-britische Blockchain-Spezialistin Blythe Masters war erst ein Jahr zuvor in das Kontrollgremium eingetreten. Sie war auch Beraterin des grossen New Yorker Private-Equity-Hauses Apollo, das ebenfalls an einer Firma beteiligt war, die sie mitgegründet hatte. Und es war Apollo, die sich jetzt die lukrative Sparte sichern wollte.

Beides waren heftige Interessenkonflikte, das liess sich auch mit der schönsten PR nicht beschönigen. Natürlich sollte die Bank später behaupten, beide Verwaltungsräte seien bei den Verhandlungen in den Ausstand getreten. Aber das brachte ihr in der machohaften Banker-Community nur Gespött ein. Dass sich der bis dahin stets so korrekte Lehmann auf derart zweifelhafte Praktiken einliess, galt auch als Zeichen seiner Verzweiflung. Das Ganze hatte grosse Symbolkraft: Bis zuletzt liessen sich die braven Schweizer von den gerissenen Amerikanern über den Tisch ziehen.

Im Juni trafen sich Verwaltungsrat und Konzernleitung wie üblich zur jährlichen Strategieretraite im noblen «Quellenhof» in Bad Ragaz. Der Umbau war das grosse Thema. Klein arbeitete mit Hochdruck am Abbau des Investmentbankings. Das Gesamtprojekt lief unter dem Namen «Africa», aus einem einfachen Grund: Der Investor-Relations-Verantwortliche Kinner Lakhani stammte aus Kenia. Dazu gab es Namen für die einzelnen Projekte des Umbaus: «Ghana» für die Kapitalerhöhung, «Ägypten» für den Verkauf des Securitized-Products-Geschäfts. Lehmann gab sich optimistisch, fast schon leichtfüssig. «Kommt schon gut», sagte er etwa abends bei einem Weintreffen mit Freunden.

Ganz anders Gottstein. Als Kundenmann war er stark, auch die Leitung des Schweiz-Geschäfts passte für ihn. Aber einen Grossumbau auf globaler Ebene bei einbrechenden Märkten - dafür war er nicht gemacht. Den ungeliebten Horta-Osório war er zwar los. Doch der Stress an den Märkten war zu viel. Im Frühling traten Sehstörungen auf, er sah plötzlich alles verschwommen, der Arzt diagnostizierte eine stressbedingte Erkrankung und fand kleine Verkalkungen in den Herzgefässen. Gottstein nahm 14 Kilo ab, die Anzüge passten nicht mehr, und das bemerkten die Teilnehmer an der Retraite sofort. Nach dem Treffen sprach Gottstein seine Gesundheitsprobleme offen bei Lehmann an. Ein Ausstieg wurde diskutiert.

Als dann die Schlusszahlen für das zweite Quartal eine weitere Beschleunigung der Talfahrt signalisierten (der Vorsteuerverlust sollte bei 1,6 Milliarden Franken liegen), war Gottstein nicht mehr zu halten. Grossaktionäre wie die US-Investmentgesellschaft Artisan forderten offen den Abgang. Lehmann musste handeln.

Doch wieder galt: Es folgte ein Zufalls-CEO. Zeit für eine externe Suche nahm sich der Verwaltungsrat nicht, und vielleicht lag hier auch der grosse Fehler. Schon Lehmann galt in der Wahrnehmung der Märkte nicht als Schwergewicht, und diese Imagefaktoren bei der Auswahl des neuen Chefs einzuplanen, war elementar. Dass die UBS 2009 den Veteranen Grübel geholt hatte, war ein entscheidender Faktor für die Sanierung. Doch der Ex-CS-Chef kam schon aus Altersgründen nicht in Frage. Es gab nur zwei Männer, die diesen Effekt hätten liefern können, und beide kannte Lehmann gut: Sergio Ermotti und Andrea Orcel. Doch beide ging der CS-Präsident nicht an.

Ermotti hatte er zuvor für einen Sitz im Verwaltungsrat angefragt, doch sein ehemaliger Chef hatte abgewinkt: Er wollte ja schon nicht als Präsident kommen, auch weil er sich der Swiss Re verpflichtet fühlte, und beide Präsidien wären nicht möglich gewesen. Als normaler Verwaltungsrat hätte er beim Rückversicherer zwar Präsident bleiben können. Doch es wäre eine Unwucht entstanden: Der deutlich erfahrenere Banker, lange Zeit bei der UBS

Gescheiterter Plan
Michael Klein (l.), Ulrich Körner

Vorgesetzter von Lehmann, wäre sofort als De-facto-Chef des Gremiums angesehen worden.

Man diskutierte noch über eine herausgehobene Stellung, doch das hätte das Problem nicht gelöst. Auch andere Schweizer wie etwa Hedgefonds-Pionier Rainer-Marc Frey, einst mit Lehmann im UBS-Verwaltungsrat, oder Jan Jenisch, Chef des Zementriesen Holcim, wurden angefragt. Alle hatten abgesagt. Ermotti jetzt als CEO anzufragen, war aussichtslos.

Und Orcel, sein einstiger Mitstreiter in der UBS-Konzernleitung, jetzt an der Spitze der italienischen Grossbank Unicredit und im Markt unbestritten der reputativ stärkste Bankchef Europas, wäre kaum schnell verfügbar gewesen. Zudem: Mit einem starken externen Chef hätte Lehmann seinen schon ausgearbeiteten Plan kaum umsetzen können. Und dass die gestandenen Investmentbanker Ermotti und Orcel den Abbauplan mit Michael Klein für eine grosse Dummheit halten mussten, dürfte Lehmann bewusst gewesen sein.

So blieben drei interne Kandidaten: Investmentbanking-Chef Christian Meissner, Wealth-Management-Leiter Francesco De Ferrari - und Veteran Ulrich Körner. Die Auswahl war schnell getroffen: Die beiden Spartenchefs standen Problembereichen vor und waren erst seit Kurzem an Bord. Als Körner im August den glücklosen Gottstein ablöste, stand der Abbauplan in grossen Teilen schon.

Und so gelangte ein weiterer Zufalls-CEO auf den Chefsessel, der es bisher wie Lehmann nie ganz an die Spitze geschafft hatte: 2006 war Körner unter den letzten drei bei der CS-Chefauswahl, 2011 wollte man ihn bei der UBS nur als Interimschef, da hatte er abgesagt. Analytisch stark, fachlich hochkompetent, aber kommunikativ - milde formuliert - ausbaufähig. Der Wow-Effekt am Markt, wie ihn Ermotti oder Orcel hätten bringen können, blieb aus.

Das neue Führungsduo war anständig, erfahren und fachkundig, was nach all den Turbulenzen der letzten Jahre schon als gute Nachricht gelten durfte. In normaleren Zeiten wäre es eine sichere Kombination gewesen. Doch die Zeiten waren eben nicht normal, schon gar nicht für die Credit Suisse. Und die dünne Luft an der Spitze kannten beide nicht.

Vor allem für die Feedback-Schlaufen, die sie mit ihrer Kommunikation auslösten, hatten sie keine Erfahrungswerte. So kam es am 27. Juli bei der Ernennung Körners zu zwei Ankündigungen, die sich als problematisch herausstellen sollten: Wir wollen das Securitized-Products-Geschäft verkaufen. Und, besonders gefährlich: Wir melden uns in drei Monaten wieder mit dem Resultat unserer «umfassenden strategischen Überprüfung» - dem grossen Umbauplan.

12. Schlafwandler

Die neue Führung arbeitete fieberhaft an dem neuen Plan. Doch schon die Ankündigung entpuppte sich als strategischer Fehler: Für den rund um die Uhr nach neuen Reizen gierenden globalen Newsfluss war die angekündigte Zeitspanne viel zu lang. Drei Monate – im Social-Media-Zeitalter eine Ewigkeit. Die Chefs, so sollte sich zeigen, hatten sich selbst eine Falle gestellt.

Nach Körners Antritt häuften sich zwangsläufig die Anfragen der internationalen Leitmedien, von Bloomberg bis zum «Wall Street Journal». Doch der neue Chef lehnte alles ab. Sein einziger Medienauftritt war ein kurzes Gespräch, das er dem heimischen Wirtschaftsmagazin «Bilanz» gewährte, mit späterem Fototermin. In dem Porträt erfuhr die Leserschaft Persönliches: Er stammte aus einer wohlhabenden deutschen Ärztefamilie, hatte mit dem Eliteinternat Zuoz, der Hochschule St. Gallen und McKinsey einen sehr traditionellen Karrierepfad eingeschlagen, bestritt gerne Rallyes mit eigenen Oldtimer-Preziosen und ging in Österreich in seinem eigenen Wald jagen. So viel Information musste erst mal reichen.

Doch die Märkte zu beruhigen, Goodwill in den internationalen Finanzmedien für schlechte Zeiten zu schaffen – all das stand nicht auf der Agenda. Körner durchlief auch ein Medientraining und trat später durchaus passabel bei den grossen Finanzmedien wie CNBC auf. Doch am Anfang war er komplett abgetaucht. Dass da Zeit blieb für eine Klage gegen das Zürcher Finanzportal «Inside Paradeplatz», war schon fast bizarr.

Besonders die Verhandlungen mit der Finma verliefen zäh. Die Aufseher zählten es nicht zu ihren Aufgaben, die Strategien der von ihr überwachten Banken festzulegen. Sie sahen sich eher als Polizist des Finanzverkehrs: Das Auto gehöre ihnen nicht, so ihre Botschaft, sie sässen auch nicht am Steuer – aber wenn jemand ein Stoppschild überfahre, schritten sie ein. Die Pläne, die die CS vorlegte, klopften die Kontrolleure vor allem in Hinblick auf zwei Kennziffern ab: Kapital und Liquidität.

Und da tauchte ein spezielles Problem auf: Das verschachtelte Konstrukt der CS mit einem Stammhaus und verschiedenen Töchtern führte dazu, dass bei einem Verkauf von bestimmten Teilen der Kapitalbedarf stieg. Die Bank wollte etwa ihre Securitized-Products-Sparte komplett an Apollo verkaufen. Doch weil dadurch die Einnahmen im Stammhaus gesunken wären, hätte es mehr Kapital gebraucht.

Lehmann und Körner baten die Finma inständig um eine temporäre Ausnahmebewilligung. Doch die Aufseher blieben hart. Schon für einen Teilverkauf der Sparte und eine Auslagerung von Positionen in Höhe von 35 Milliarden Franken in eine Abwicklungseinheit, so der Entscheid der Berner Aufseher, sei eine Kapitalerhöhung von vier Milliarden Franken nötig.

Doch weil die Aktie an der Börse zu nicht einmal einem Fünftel ihres Buchwerts gehandelt wurde, war schon eine Aufnahme in dieser Höhe eine Kamikaze-Übung. Wenn die Bank wie anfangs geplant noch stärker abgebaut hätte, hätte sie noch mehr Kapital aufnehmen müssen – undenkbar. So kamen die von Klein portierten Saudis später zu einem Ausverkaufspreis von 1,5 Milliarden Franken an satte zehn Prozent der Bank.

Was weder Finma noch die CS-Oberen genügend in ihr Kalkül einbezogen: die verheerenden Marktreaktionen, die eine derartige Massnahme auslösen würde. Erfahrene Finanzmarktprofis wie Grübel oder Dougan hätten die Kapitalerhöhung unter diesen Umständen auf keinen Fall durchgezogen. Grübel sollte sie hinterher öffentlich auch heftig kritisieren.

Die Planungen liefen im August und September hinter den Kulissen. Doch weil die CS-Chefs nichts kommunizierten, füllte sich das Vakuum in der medial überhitzten Zeit selbst. Bloomberg brachte am 16. September die Meldung, dass die Bank die Revitalisierung des Markennamens First Boston plane, und berichtete von einem

Townhall Meeting in New York, bei dem nicht etwa CEO Körner, sondern die Verwaltungsräte Klein und Masters den Mitarbeitern von dem Plan der Abspaltung berichteten. Klein wollte vor allem verhindern, dass durch den ständigen negativen Nachrichtenfluss die letzten noch verbliebenen guten Mitarbeiter abwanderten. Für die Krisenindikatoren Kurs und CDS-Spreads war das nicht relevant. Sie bewegten sich kaum.

Das änderte sich eine Woche später: «Exclusive: CS is sounding out investors for a capital increase», meldete Reuters am 23. September. Dass die Bank bei Investoren eine Kapitalerhöhung auslotete, war für den Kurs der erwartbare Schock. Er gab um mehr als 20 Prozent nach, die CDS-Spreads schossen in die Höhe. Es war aber auch ein klares Signal an die CS-Lenker: Der Markt will diese Kapitalerhöhung nicht. Doch sie blieben stur.

Es war in diesem Umfeld, als ein Journalist namens David Taylor in Melbourne am Samstag, dem 1. Oktober, einen Tweet absetzte. «Credible source tells me a major international investment bank is on the brink», schrieb er um 19.09 Uhr australischer Zeit. Taylor kommentierte seit mehr als zwanzig Jahren in Australien die Aktualität, seit 2011 arbeitete er für den öffentlichen Nachrichtensender ABC News. Grosse Wellen hatten seine Kommentare bis dahin nicht geworfen. Doch dieses Mal war alles anders. Vor allem in spezialisierten Finanz-Chatrooms brach ein Sturm los.

Besonders bedrohlich für die CS: Obwohl Taylor sie gar nicht erwähnt hatte, wurde sie als Hauptziel ausgemacht. In dem Forum «Wallstreetbets», dem 13,7 Millionen Menschen folgten, wurde die Geschichte gross aufgegriffen. «Credit Suisse is fckd», schrieb ein anonymer Nutzer. Der Bankchef heisse Lehmann – und lautete der Name der Pleitebank von 2008 nicht Lehman Brothers?

Die Hektik schaukelte sich hoch. Taylors Tweet wurde auf noch mehr Netzwerken verbreitet, zusammen mit zahlreichen weiteren Spekulationen, Gerüchten, Falschmeldungen zur Credit Suisse. Die Zahl der Posts mit dem Hashtag #CreditSuisse vervielfachte sich auf Twitter innert Stunden. Etablierte Finanzplattformen wie Investing.com griffen Taylors Tweet auf, jedoch ohne die Information zu verifizieren. Und Taylor hatte ja die Credit Suisse gar nicht erwähnt.

Einzige mögliche Alternative: die Deutsche Bank. Doch die CS war die einzige Bank, die trotz hochnervöser Märkte eine Restrukturierung angekündigt hatte, und sie hatte durch Archegos und Greensill deutlich weniger Glaubwürdigkeit als das Frankfurter Geldhaus, das seine letzte grosse Restrukturierung drei Jahre zuvor verkündet hatte - wohlgemerkt ohne Kapitalerhöhung. Bei Börseneröffnung am Montag fiel die CS-Aktie um 11 Prozent, das Deutsche-Bank-Papier nur um 2,3 Prozent.

Taylor löschte den Tweet am Montagnachmittag, offenbar auf Druck seiner Vorgesetzten, die ihn an die Social-Media-Guidelines erinnerten - was den Schluss nahelegt, dass er diese nicht voll befolgt hatte. Fakt ist: Wer auch immer die angeblich glaubwürdige Quelle des Journalisten gewesen sein soll - sie lag nicht richtig. Denn zu diesem Zeitpunkt stand keine «grosse internationale Investmentbank am Abgrund» - noch nicht.

Jetzt war die Krise da, und die staatliche Finanzmacht stand zum ersten Mal vor einem realen Stresstest. Erstmals musste sich zeigen, ob die nach der Finanzkrise mit grossem Aufwand verabschiedeten Instrumente funktionierten. Als einziges Land der Welt hatte sich die Schweiz nach der UBS-Rettung eine eigene «Too big to fail»-Regulierung verordnet.

Und auch die Abläufe waren professionalisiert. Finanzdepartement, Finma und Nationalbank hatten ihre Zusammenarbeit in einem «Memorandum of Understanding» sauber definiert, die letzte Fassung stammte aus dem Jahr 2019. Der Lenkungsausschuss bestand aus dem Leiter des Finanzdepartementes, damals Ueli Maurer. Dazu kamen die Spitzen von Nationalbank und Finma: Thomas Jordan und Marlene Amstad. Formal war die Hierarchie klar festgelegt: Der Vorsitz lag bei Maurer.

Doch die Ausgangslage war sehr speziell: Jede der drei Behörden trug ihre eigenen Probleme mit sich herum, keine ging wirklich selbstbewusst in die Krise - und jede schaute vor allem auf ihre eigenen Interessen.

Bei der Finma hatte sich der Bankenprofi Mark Branson, der die Behörde über Jahre dominiert hatte, zur BaFin nach Frankfurt abgesetzt. Sicher ein attraktiver Job, aber dass die neue Präsidentin Marlene Amstad für seinen Geschmack etwas zu viel Gestaltungswillen an den Tag legte, dürfte auch eine Rolle gespielt haben.

Amstad war eine Ökonomin mit Doktorat aus St. Gallen und mehrjährigen Aufenthalten in Hongkong und Shenzhen. Während der Finanzkrise hatte sie im Mittelbau der Nationalbank gearbeitet. Sie kannte Jordan gut, gemeinsam hatten sie in Bern Ökonomie studiert. Doch die Schwingungen im Inneren eines globalen Finanzkonzerns hatte sie nie wirklich selbst erlebt - anders als Branson, der 15 Jahre bei CS und UBS verbracht hatte, unter anderem als Finanzchef des Wealth Managements.

Sein Nachfolger Urban Angehrn war 14 Jahre bei der Zürich-Versicherung und hatte ebenfalls nur wenig Bankerfahrung. In der ungeschriebenen Finanzhierarche kamen Versicherungsmanager noch nach Retailbankern, weit entfernt von den Königen des globalen Kapitalmarktgeschäfts. Sein Standing in der Bankenbranche: ausbaufähig. Selbst der Leiter der Bankenaufsicht bei der Finma war neu: Thomas Hirschi war gerade zehn Monate auf seinem Posten.

Und dann war da noch das ewige Problem der strukturellen Schieflage, die entsteht, wenn ein Kleinstaat zwei globale Grossbanken beaufsichtigen soll: Die Ressourcen waren schlicht zu dünn. Für jede Grossbank gab es einen Verantwortlichen, für die CS war ein gewisser Simon Brönnimann verantwortlich. Doch seine Equipe für Aufsichtsrechtsfragen umfasste gerade sechs Mitarbeiter, für spezielle Liquiditäts- und Kapitalfragen zog er gegen zehn Spezialisten hinzu. Für grössere Untersuchungen verfügte die Behörde über keine eigenen Experten, anders als die hochgerüsteten Kollegen von Fed, Europäischer Zentralbank oder Bank of England. Sie vergab Mandate an Dritte. Die Qualität war oft dürftig, auch weil die beauftragten Firmen wie etwa die grossen Revisionsgesellschaften es sich nicht mit den Banken verderben wollten.

Für eine bissige Überwachung zweier globaler Grossbanken fehlte es schlicht an Mitteln und an Personal - Finanzcracks zog die Behörde mit Sitz im kaum als Finanzmekka berüchtigten Bern nicht wirklich an. Die CS machte sich intern dann auch gern über die schlecht verdienenden Aufseher lustig. Sie war über Jahre damit durchgekommen, sie nicht wirklich ernst zu nehmen.

Im Verhältnis zur mächtigen Nationalbank war die Finma der Juniorpartner, daran hatte sich in den letzten Jahren nichts geändert: Die Unabhängigkeit der Währungshüter war im Gegensatz zur Finma in einem eigenen Gesetz festgelegt, das Salärpaket des Vorstehers (mehr als eine Million Franken) und die Mitarbeiterzahl (knapp 1000) etwa doppelt so hoch.

Doch auch die Währungsbastion hatte ihre Probleme. Durch die dramatische Zinswende standen zahlreiche Positionen ihrer seit Jahren immer stärker angeschwollenen Bilanz vor heftigen Abschreibern. Der Nationalbank drohte der grösste Verlust ihrer Geschichte: Bis dahin unvorstellbare 132 Milliarden sollten es am Jahresende werden. Dass es keinen Aufschrei gab, war vor allem der aussergewöhnlichen Reputation ihres Vormanns Jordan zu verdanken. Aber natürlich war die Situation fragil, die Gewinnausschüttung an die Kantone würde wegfallen. Das würde die Nationalbank wieder stärker in den politischen Raum driften lassen. Jordan hasste das.

Und auch an der Personalfront hatte es einen Wechsel gegeben: Der neue Vizepräsident Martin Schlegel war als Verantwortlicher für die Finanzstabilität formal der entscheidende Mann, aber erst seit wenigen Wochen im Amt. Bei der UBS-Rettung 2008 war es der Vizepräsident Philipp Hildebrand und nicht dessen Vorgesetzter Jean-Pierre Roth, der die Lösung orchestrierte. Doch jetzt schauten alle auf Jordan. Er war der Einzige der Beteiligten auf Behördenseite, der schon die Finanzkrise an vorderster Front erlebt hatte: Als Leiter des Dritten Departements hatte er damals die Abwicklung des sogenannten Stabilitätsfonds übernommen.

Und auch der formal mächtigste Mann in diesen ersten Krisenmonaten befand sich in einer speziellen Situation. Der Finanzminister Ueli Maurer hatte just am 30. September, einen Tag vor dem Losbrechen des Twitter-Sturms, seinen Rücktritt auf Ende Jahr erklärt. Und Maurer wollte in seinen letzten Wochen das Amt ohne Blessuren verlassen, hinter ihm lagen 13 meist erfolgreiche Jahre im Bundesrat. Sein Hauptziel: bloss kein Drama zum Schluss.

Mit dem Tweet vom 1. Oktober schaltete die Behörden-Troika in den Krisenmodus: Die Ampel sprang von Grün auf Rot. Die Finma, die den direkten Kontakt zur CS hielt, gründete einen Krisenstab, der von jetzt an praktisch täglich tagte und je nach Problemlage bis zu einem Dutzend Mitarbeiter umfasste. Entscheidende Kenngrösse:

die Liquidität. Mindestens einmal, manchmal sogar mehrmals am Tag erreichten die CS-Zahlen Bern. Die Informationslage war deutlich besser als während der Finanzkrise 15 Jahre zuvor. Die Zahlen gingen auch an die Nationalbank.

Einmal pro Woche legte Behördenchef Angehrn die 700 Meter vom Finma-Sitz an der Laupenstrasse in Bern zu dem Gebäude zurück, das sich als Drehscheibe der Rettungsaktion herauskristallisieren sollte: der Bernerhof, Maurers Amtssitz, 200 Meter vom Bundeshaus entfernt. Das ehemalige Luxushotel, erbaut in der Mitte des 19. Jahrhunderts, war 1923 vom Bund übernommen worden und diente seitdem als Sitz des mächtigen Ministeriums. Es strahlte gute Schweizer Bescheidenheit aus: anständig, aber nicht so pompös wie die Finanzburgen in anderen Hauptstädten.

Dort traf Angehrn auf Daniela Stoffel, die als Leiterin des Staatssekretariats für Internationale Finanzfragen ihren Sitz wie ihr Dienstherr Maurer im Bernerhof hatte. Dazu kamen Nationalbank-Vizepräsident Schlegel und als eine Art Kassenwartin die Leiterin der Eidgenössischen Finanzverwaltung, Sabine D'Amelio-Favez. Sie bildeten den Ausschuss für Finanzkrisen - das operative Rettungskommando. Normalerweise traf man sich gemäss Reglement «ein- bis zweimal im Jahr», dazu «in Krisenzeiten bei Bedarf». Und das bedeutete jetzt eben: jede Woche.

Der Ausschuss gab auch den Impuls für die Treffen des Lenkungsgremiums, das bislang nur in Notsituationen zusammenkam - seit seiner Gründung fast nie. Doch jetzt wurden die Treffen Routine. Alle zwei bis drei Wochen empfing Maurer seine Mitstreiter Jordan und Amstad im Bernerhof, die vier Ausschussmitglieder waren stets dabei. Die Zürcher Jordan und Schlegel kamen meist physisch, zuweilen schalteten sie sich via Skype zu. Es war der Siebner-Bund der CS-Rettung.

All dies musste unter grosser Geheimhaltung geschehen, darauf drangen besonders Maurer und Jordan. Denn wenn nur die kleinste Information nach draussen drang, konnte dadurch die Abwärtsspirale der CS stark beschleunigt werden. Dass das Nationalbank-Direktoriumsmitglied Andréa Maechler Anfang Oktober bei einem öffentlichen Auftritt offen zugab, dass die Behörden die Entwicklung bei der CS intensiv verfolgten, eigentlich eine Selbstverständlichkeit, galt intern schon als Fauxpas.

Zu Beginn wurde noch offen diskutiert, besonders Maurer drängte auf eine breite Debatte. Sollte man die CS einem starken Ausländer wie J.P. Morgan anbieten? Hatte nicht auch der grosse Vermögensverwalter Blackrock Interesse gezeigt? Könnte die Nationalbank die schlingernde Bank übernehmen? Oder wäre das eher Aufgabe des Staates?

Doch das war kaum mehr als ein Brainstorming, und die Behördenchefs Jordan und Amstad liessen rasch keine Zweifel daran, dass sie an zu wilden Ideen kein Interesse hatten. Einig waren sich alle Teilnehmer: Die bevorzugte Lösung war weiterhin die erfolgreiche Sanierung der CS. Doch sollte das nicht funktionieren, blieben am Schluss nur drei realistische Optionen: Eine Abwicklung gemäss den eigens definierten «Too big to fail»-Regeln. Eine Verstaatlichung. Und drittens: Eine Übernahme durch die UBS. Doch damit hatte es sich auch schon mit den Gemeinsamkeiten. Denn jetzt schaute jede Behörde für sich.

Die Hauptmission der Finma im letzten Jahrzehnt war die Schaffung einer Struktur, die eine geordnete Abwicklung einer Bank ermöglichen sollte. Dieses Ziel war zwar schon immer vermessen: Bank Runs gab es, seit es Banken gibt, und da eine Bank immer mehr langfristig verlieh, als sie an kurzfristigen Einlagen hatte, musste jede Bank bankrottgehen, wenn alle Kunden ihr Geld auf einmal abzögen. Lösbar war dieses Dilemma nicht.

Trotzdem hatten die Aufseher die letzte Dekade damit verbracht, die Banken über einen Strauss von «Too big to fail»-Regeln so sicher machen zu wollen, dass Staatshilfe im Falle eines Konkurses nicht mehr benötigt werden sollte. Die Eigenkapitalvorschriften wurden stark verschärft, die Grossbanken mussten ihr Schweiz-Geschäft in eigenständige Einheiten umwandeln, die bei einem Konkursfall des Gesamtkonzerns abgespalten werden sollten. Die Finma zog sich dann auch auf die Position zurück: Wir kümmern uns nur um die mögliche Abwicklung der Bank. Für alles andere sind wir nicht zuständig.

Das Problem daran: Der starke Mann Jordan signalisierte deutlich, dass diese Lösung aus ihrer Sicht nicht praktikabel war. Als das New Yorker Geldhaus Lehman Brothers 2008 in den Konkurs geschickt wurde, hatten die Verantwortlichen den Schritt zunächst als reinigenden marktwirtschaftlichen Akt verkauft. Es war die wohl grösste Fehleinschätzung der Finanzgeschichte: Sie führte zum Fast-Kollaps des globalen Finanzsystems. Diese Bedrohung stand auch 15 Jahre später mit gleicher Schärfe im Raum. Beim ersten Stresstest der so aufwendig installierten «Too big to fail»-Gesetzgebung stellte sich heraus: für die Praxis nicht geeignet. De facto hatten die Aufseher mehr als eine Dekade verloren.

Doch weil sich die Finma dennoch ausschliesslich um das Abwicklungsthema kümmern wollte, trafen sich Jordan und Maurer mehrmals ohne die Finma-Präsidentin Amstad, auch mit Lehmann standen sie in Kontakt. Jordans Position war unmissverständlich: Die Nationalbank agiert nur gemäss ihrem Auftrag. Bei der UBS-Rettung hatte sie mit der Übernahme toxischer Papiere noch eine Lösung angeboten, die über ihre Befugnisse hinausging. Dafür musste sie extra eine eigene Rechtsabklärung vornehmen.

Doch Philipp Hildebrand, der starke Mann der damaligen Rettung, war vom Typ her eben deutlich interventionistischer unterwegs als der konservative Jordan. Diesmal galt, auch angesichts des sich abzeichnenden Rekordverlusts: keine Experimente. Die Nationalbank, so Jordans eindeutige Botschaft, würde nur im Rahmen ihrer gesetzlichen Möglichkeiten Liquidität zur Verfügung stellen, und das hiess: nur gegen Sicherheiten der CS. So legte es Artikel 9 des Nationalbank-Gesetzes eindeutig fest. Ein veritabler «Lender of Last Resort» mit unbegrenzter Kapitalkraft war sie laut bestehender Gesetzeslage nicht: Ein «Whatever it takes» war mit ihr nicht machbar. Dazu hätte sie schon der Bund via Notrecht verknurren müssen. Und das würde sich niemand trauen, da konnte sich Jordan sicher sein. Seine Autorität war zu gross.

Auch Maurer hatte seine eigene Optik: Er wollte beide Grossbanken am Leben erhalten. «Für die Schweiz ist es ganz wichtig, dass wir zwei grosse Banken haben für den Schweizer Finanzplatz und den Schweizer Wirtschaftsplatz», sollte er noch Mitte Dezember sagen. Doch auf die konkrete Situation angewendet, wäre im Notfall nur eine Lösung möglich: eine Verstaatlichung der CS.

Und da zuckte Maurer dann doch zurück. Sie wäre nicht nur das Eingeständnis eines kolossalen Scheiterns der Bankenregulierung gewesen. Auch hätte er diese Lösung seiner staatskritischen

Brandherd Social Media
David Taylor (l.), Ueli Maurer

Partei kaum vermitteln können. Für Jordan hätte sie jedoch einen grossen Vorteil gehabt: Die Nationalbank hätte nicht eingreifen müssen. Denn wenn es zu einer Staatsrettung käme, so stellte Jordan stets klar, müsste die Eidgenossenschaft aktiv werden - die Nationalbank war dazu ja nicht befugt.

Blieb die dritte Lösung, doch auch sie klang nicht sehr verlockend: Die UBS fängt die kollabierende CS auf. Maurer und Jordan waren die einzigen Teilnehmer der Siebner-Runde, die bei den Fusionsverhandlungen von UBS und CS im Frühjahr 2020 dabei gewesen waren und damals die Logik eines Zusammenschlusses durchaus sahen.

Aber natürlich wäre der volkswirtschaftliche Schaden gross. Mehrere tausend Arbeitsplätze würden in der Schweiz verloren gehen, mit allen Multiplikatoreffekten: weniger Steuersubstrat durch den Wegfall hoch dotierter Jobs, schwächerer Wettbewerb im Arbeitsmarkt, heftige Politisierung wegen des Stellenabbaus, ein geschrumpfter Finanzplatz.

Und so galt erst mal: es bloss nicht so weit kommen lassen. Maurer war bald weg, die Ziellinie war nah. «Die Schlafwandler» nannte der australische Historiker Christopher Clark den Titel seines Bestsellers, in dem er eindrucksvoll beschrieb, wie die europäischen Grossmächte 1914 in den Ersten Weltkrieg taumelten. Die Parallelen waren offensichtlich. Silodenken dominierte die Dreiergruppe, niemand übernahm den Helikopterblick. Es regierte das Prinzip Hoffnung, befeuert vom Daueroptimisten Lehmann bei Einzeltreffen mit Jordan und Maurer: Wir schaffen das.

Da war der erste digitale Bank Run der Geschichte Gift.

13. Schönredner

In den Tagen nach dem verhängnisvollen Tweet gelang es den Investor-Relations-Verantwortlichen, die Märkte zu beruhigen. Gegen Ende der Woche hatte sich der Kurs erholt, auch die CDS-Spreads waren wieder gesunken. Aber eine Kennzahl verschlechterte sich dramatisch, sie war jedoch im Markt nicht transparent und hatte deshalb keinen unmittelbaren Einfluss auf den Kurs: die Liquidität.

Die Anleger begannen in grossem Stil Geld abzuziehen, vor allem in Asien war der Abfluss dramatisch. Das war das wahre Drama des Tweets: An mangelnder Liquidität waren schon viele Firmen zugrunde gegangen. Bei der Finma blinkten die Alarmlampen tiefrot. Eine Todesspirale begann.

Jeden Tag flossen mehrere Milliarden ab, und jetzt wäre es Chefsache gewesen, markig Gegensteuer zu geben. Doch Ulrich Körner meldete sich nicht. Später sollte er sich rechtfertigen, dass die Anwälte ihm jegliche Kommunikation im Vorfeld der Kapitalerhöhung untersagt hätten. Gewiss, ein öffentliches Gegenhalten wäre heikel gewesen - aber hier ging es fast schon um die Existenzfrage. Sich in solchen Notsituationen über die Bedenkenträger hinwegzusetzen: Dafür waren Chefs da. Doch Körner schwieg.

Hier kam auch eine spezielle Konstellation zum Tragen. Neben Körner und Lehmann war auch der sehr selbstbewusste Jurist Markus Diethelm nach seiner UBS-Zeit zur CS gestossen, und sowohl Körner wie auch Lehmann hatten sich schon früher dessen Vorgaben nicht widersetzt. Körners Unwillen zur Kommunikation erschwerte die Lage. Die CS wurde Opfer des ersten digitalen Bank Run - und liess es einfach geschehen.

Natürlich registrierte auch die UBS die Notsituation des Konkurrenten, denn ein Teil der von der CS abfliessenden Gelder vor allem in Hongkong und Singapur landeten bei ihr. Der Präsident Colm Kelleher beobachtete die Situation seit seinem Antritt bei der UBS im April 2022 genau. Seine Wahl war eine Überraschung gewesen: Als die UBS im November 2021 seine Nominierung bekannt gegeben hatte, suchten die UBS-Mitarbeiter im Netz nach Datenpunkten über ihren neuen Präsidenten. Doch da gab es nicht viel. Wikipedia fand Kelleher offenbar so langweilig, dass es nicht einmal einen Eintrag über ihn gab. Aufgeführt war nur der «Lord Mayor of Cork», der Bürgermeister der irischen Stadt Cork, aus der auch Kelleher stammte und die von einem Bürgermeister gleichen Namens geführt wurde.

Kelleher hatte 32 Jahre bei Morgan Stanley verbracht und nie einen grossen Drang an die Öffentlichkeit verspürt. Die Institution, nicht die Person sollte im Vordergrund stehen, betonte er stets und verweigerte sich persönlichen Stories. Diese Wir-Kultur war für ihn zentral – Egoshooter kamen unter seiner Ägide nicht weit. «Faule Äpfel fallen allein vom Stamm», lautete sein Motto bei Morgan Stanley. Dass er nach der Übernahme der CS die dortige geldgetriebene Ich-Kultur integral als «verfault» bezeichnen sollte, war ein deutliches Signal.

Innerhalb der New Yorker Finanzinstitution war er eine Legende – bis zu seinem freiwilligen Ausscheiden drei Jahre vor dem UBS-Antritt hatte er das operative Geschäft allein geführt. Laut wurde er selten, doch seine engsten Mitarbeiter wussten: Ein Zucken der Augenbraue signalisierte höchste Gefahr. Besonders die Erfahrungen in den dramatischen Tagen im September 2008 hatten ihn geprägt: Er stand als Finanzchef 22 Minuten davor, das Aus seines Geldhauses zu verkünden. Krise konnte er wie kein Zweiter in diesen schicksalhaften Tagen des Schweizer Bankings. Ihn gerade jetzt an der Spitze der Bank zu haben, war ein Glücksfall.

Sein Vorgänger Axel Weber hatte ihm bei der Amtsübergabe auch über die Fusionsverhandlungen mit der CS aus dem Jahr 2020 berichtet, doch mehr als 20 Minuten dauerte das nicht. Die Zahlenbasis hatte sich seit den letzten Verhandlungen so stark verschoben, da war eine detaillierte Betrachtung der veralteten Modellrechnungen wenig sinnvoll. Doch die strategische Logik war auch für ihn unbestritten. Kein europäisches Land leistete sich noch zwei globale Grossbanken. Dass die Konsolidierung auch in der Schweiz schon aus Kostengründen irgendwann kommen musste, war unausweichlich. Und er hatte seine Amtszeit auf zehn Jahre ausgelegt. Sich irgendwann die CS zu schnappen, lag auf der Hand.

Zudem wusste er selbst um die Kraft von grossen Deals in Notsituationen: Den grossen Sprung hatte sein Haus Morgan Stanley im Zuge der Finanzkrise mit der Übernahme von Smith Barney gemacht – die Citigroup musste den Vermögensverwalter auf staatlichen Druck zu einem Spottpreis abgeben. Das war das Szenario. Eine reguläre Fusion, wie sie Ermotti und Weber noch angestrebt hatten, wäre der viel schlechtere Deal gewesen.

Den Niedergang der CS verfolgte er bereits seit 2015 intensiv. Die sich zuspitzende Krise bei dem heimischen Konkurrenten war kurz nach seinem Antritt bei der UBS offensichtlich. Seine Kontakte zu seinem alten Arbeitgeber waren weiter exzellent. Einen besonders engen Draht pflegte er zu einem Landsmann mit dem gleichen Vornamen. Colm Donlon leitete bei Morgan Stanley das europäische Investmentbanking-Team. Kelleher hatte ihn bereits im Juli um eine Analyse zu einer möglichen CS-Übernahme gebeten, erst mal unverbindlich. Er wollte vorbereitet sein.

Doch jetzt, nach den starken Abflüssen Anfang Oktober, wurde es ernst. Der Verwaltungsrat hatte einen speziellen Ausschuss, das sogenannte «Ad Hoc Strategy Committee», das nur bei Bedarf zusammenkam. Der Vorsitz lag bei Kelleher, die anderen Mitglieder waren die Verwaltungsratsmitglieder William Dudley, Fred Hu, Dieter Wemmer und Julie Richardson.

Sie baten den CEO Ralph Hamers, der zwei Jahre zuvor den Chefposten von Sergio Ermotti übernommen hatte, um eine Analyse, gleichzeitig erhielt auch Morgan Stanley formal das Mandat. Den Kontrolleuren fiel jedoch auf, dass der Niederländer eher zögerlich reagierte. Angeblich, so seine Begründung, wollte er seine Konzernleitung nicht in grösserem Stil einbinden, um Lecks zu verhindern. Aber vielleicht, so spekulierten manche Verwaltungsräte, spürte er auch schon, dass es für ihn im Fall der CS-Übernahme eng werden könnte.

Der Präsident pflegte ein professionelles Verhalten zu seinem CEO, den er nicht selbst installiert hatte. Jeden Montag traf man sich zum Jour fixe. Doch es waren bereits leichte Risse sichtbar geworden: Den von Hamers organisierten Kauf der US-Firma Wealthfront hatte Kelleher gestoppt - die Klientel der kalifornischen Fintechs war ihm finanziell viel zu schwachbrüstig. Und dass Hamers, der von der holländischen Retailbank ING gekommen war, in den Schlüsseldisziplinen der UBS - Wealth Management und Investmentbanking - nur wenig Erfahrung hatte, war offensichtlich. Kelleher hätte ihn wohl kaum geholt. Aber er musste auch zugestehen: Als Organisationsoptimierer hatte Hamers die Bank nach vorn gebracht.

Für Präsident Lehmann war die Lage so bedrohlich wie noch nie. Der 27. Oktober hätte sein grosser Tag der Planverkündung werden sollen. Doch der Bank Run hatte alles ins Wanken gebracht: Fast 80 Milliarden Franken waren in den letzten Wochen abgeflossen, ein weltweit einmaliger Vorgang. Eigentlich hätte er den gesamten Umbau abblasen müssen - gewisse Annahmen waren schon durch die Abflüsse überholt, und Kurs sowie CDS-Spreads bewegten sich im roten Bereich. Andererseits: Eine Absage hätte die Unsicherheit noch verschärft, und die Verluste wurden immer bedrohlicher. Gut geschlafen haben soll er nicht in der Nacht vor dem grossen Tag.

Er hatte die Wahl zwischen Pest und Cholera. Er war längst ein Getriebener. Er drückte den Knopf.

Doch wenn er noch eine Resthoffnung gehegt hatte, dass der Markt den Plan als Befreiungsschlag ansehen würde, so währte sie nicht lang. Der überfrachtete Umbauplan floppte an der Börse - ein Minus von acht Prozent. Er gab der Sanierung eine massive Schieflage: Durch die grosse mediale Aufmerksamkeit für die Wiedergeburt der Marke First Boston war es die von Lehmann propagierte «New Credit Suisse», die fast als Resterampe dastand - verkehrte Welt.

Der Verkauf der Securitized-Products-Sparte an Apollo wurde nur angekündigt, die Umsetzung stand aber noch aus. Damit gab Lehmann Verhandlungsmacht aus der Hand. Und das Endziel von sechs Prozent Kapitalrendite war schlicht zu wenig. Es war das unfreiwillige Eingeständnis des fehlenden Geschäftsmodells der Bank: Wenn nach drei Jahren Umbau nur eine derart tiefe Profitabilität herauskommen sollte – wer wollte da in die Bank investieren? Besonders die Kapitalerhöhung war das voraussehbare Kursgift. Investoren, die die Aktie noch für 20 Franken und mehr gekauft hatten, mussten mit ansehen, wie das Papier jetzt für 2.72 Franken in den Markt gehen sollte – weniger als ein Fünftel des ausgewiesenen Eigenkapitals. Wenn Klein nicht die Saudi National Bank gebracht hätte, wäre der Vier-Milliarden-Betrag gar nicht zusammengekommen.

Dennoch demonstrierten die Behörden nach aussen Zuversicht. «Die SNB begrüsst die jüngst angekündigten Schritte zur strategischen Transformation der Credit Suisse», befand der neue Nationalbank-Vize Martin Schlegel in seinem ersten Interview in seiner neuen Funktion gegenüber dem Börsenblatt «Finanz und Wirtschaft»: «Die neue Ausrichtung des Geschäftsmodells führt zu einer Reduktion der Risiken. Gleichzeitig stärkt Credit Suisse ihre Kapitalbasis.»

Doch die Wahrheit lautete: Es brannte. Am 1. November sprach Thomas Jordan beim Bundesrat vor. Man traf sich im barocken Salon de la présidence im Bundeshaus. Ueli Maurer führte Jordan ein, und der Nationalbank-Chef berichtete Ungeheuerliches: Die CS befinde sich einer dramatischen Schieflage, die SNB müsse umgehend 50 Milliarden an Liquidität einschiessen. Und dann müsse auch der Bundesrat Garantien liefern: Der sogenannte Public Liquidity Backstop, kurz PLB, ein Liquiditätsinstrument für Notfälle, mit dessen Einführung die Regierung im Verzug war, müsse schnell installiert werden, um der CS weitere Mittel zukommen zu lassen.

Maurer hatte zwar die anderen beiden Mitglieder des bundesrätlichen Finanzausschusses, Infrastrukturministerin Simonetta Sommaruga und Wirtschaftsminister Guy Parmelin, über die Probleme informiert, doch nur rudimentär. Für den Gesamtbundesrat war es das erste Mal, dass er von der Dramatik der CS-Schieflage erfuhr. Es war ein Schock, die Teilnehmer waren konsterniert. Und es kamen Zweifel: Wenn sich die gesamte Bank in Schieflage befand – wie sollten da 50 Milliarden reichen?

Nach dem Treffen mit Jordan zogen sich die sieben Regierungsmitglieder ins Bundesratszimmer zurück. Die Sitzung wurde hitzig: Warum er die Dramatik der Situation so lange verschwiegen habe, wurde Maurer gefragt. Bislang hätten die verantwortlichen Behörden alles im Griff gehabt, so der Tenor seiner Antworten, aber jetzt handle es sich eben um eine Notsituation. Karin Keller-Sutter, damals noch Justizministerin, kündigte eine Abklärung an, ob ein Vorziehen des PLB möglich wäre. Und alle waren erstaunt, wie zurückhaltend die Frankenautorität Jordan aufgetreten war. Seine Haltung, so der Eindruck aller Beteiligten: minimalinvasiv.

So ging das Siebner-Gremium erhitzt auseinander. Angesichts der Notsituation wurde eine ausserordentliche Bundesratssitzung für den Freitag angesetzt. Doch Maurer sagte sie kurzfristig ab. Bei der nächsten Bundesratssitzung gab er sich dann optimistischer: Die Lage habe sich stabilisiert, die angekündigte Kapitalerhöhung würde die Finanzkraft stärken.

Die Bundesräte glaubten das. Dass jedoch gerade die Kapitalerhöhung die Talfahrt an der Börse verstärken sollte, war ihnen nicht bewusst - sie erfuhren es später durch die öffentlichen Aussagen von Ex-CS-Chef Grübel. Der Grund für Maurers Optimismus: Die Abflüsse hatten sich verlangsamt. Maurer bekam den schriftlichen Auftrag, den Bundesrat über das CS-Dossier zu informieren, das wurde sogar protokolliert. Doch die Information blieb aus.

Dabei spitzte sich die Lage sogar weiter zu. Spätestens ab dem 15. November hätte allen bewusst sein müssen, dass der Plan nicht funktionierte: Der Kurs rauschte von ohnehin schon katastrophalen 4.25 auf 2.75 Franken. Und die CDS-Spreads lagen wieder deutlich über 300. Auf der gleichen Höhe: die italienische Krisenbank Monte dei Paschi di Siena, die bereits vom Staat gerettet worden war. Die Finanzverantwortlichen von vielen CS-Firmenkunden hatten Guidelines über die Kreditwürdigkeit einer Bank als Gegenpartei, und die hohen CDS-Spreads wurden zu einem Signal zum Geldabziehen.

Wieder stand Jordan kurz davor, die Liquiditätshilfe zu ziehen, in Absprache mit Lehmann. Dieses Mal wusste der Bundesrat nichts davon. Doch Jordans Befürchtung war: Allein die Ankündigung der Liquiditätshilfe ohne einen überzeugenden Rettungsplan würde als Signal für den Notfall angesehen werden - und den

Niedergang noch beschleunigen. Das teilte er auch Maurer mit, nachdem der Finanzminister ihn zum Eingreifen gedrängt hatte. Dieser hatte sich auch mit Vertrauten beraten, etwa mit Ex-UBS-Präsident Axel Weber, mit dem er auch nach dessen Abgang noch Kontakt hielt. Doch auch wenn er formal Dienstherr von Finma und Nationalbank war: Er konnte den Behörden keine Anweisung erteilen. Sie beharrten auf ihrer Unabhängigkeit. Und Jordan war der starke Mann.

Spätestens jetzt war offensichtlich, dass die Bank nicht überleben würde. Andere Bankhäuser in Europa wie die Deutsche Bank hatten das Dossier schon lange im Blick und hätten jetzt die Bank zu einem Schnäppchenpreis von acht Milliarden Franken übernehmen können. Doch niemand traute sich. Die Furcht vor dem toxischen Investmentbanking war zu gross, die Transparenz über die Abflüsse zu schwach, zudem glaubte niemand wirklich an die Chance einer Übernahme. «Wir gingen alle davon aus, dass in einer Notsituation die Schweiz AG die Bank rettet, mit der UBS im Lead», sagte der Chef einer europäischen Grossbank.

Auch bei der Finma schoss die Nervosität hoch. «Wir brauchen einen Plan B.» Die Aufseher wiesen Lehmann unmissverständlich an: Finde einen Käufer für die Bank. Für Lehmann war das allerdings einmal mehr der Beweis, dass er es mit fachfremden Theoretikern zu tun hatte, die vom Kapitalmarktgeschäft zu wenig verstanden. Denn in der aktuellen Notsituation wäre ein Verkauf, so seine Argumentation, gar nicht regulär abzuwickeln gewesen: Es hätte die Zustimmung von Verwaltungsräten, Aktionären und Wettbewerbsbehörden gebraucht. Und wenn der Käufer ein Ausländer gewesen wäre, hätte die juristische Komplexität nochmals stark zugenommen. Selbst die Übernahme durch die heimische UBS wäre in der aktuellen Panikstimmung nicht kontrolliert umsetzbar gewesen.

Hier fand er Unterstützung von Jordan. Eine reguläre Fusion mit der UBS mit allen rechtlichen Etappen wäre vielleicht ein Jahr zuvor noch möglich gewesen - aber jetzt praktisch ausgeschlossen, befand auch der Nationalbank-Chef. Das stimmte sicher alles, war aber auch eine Schutzbehauptung. Denn natürlich klammerten sich alle Beteiligten an die Hoffnung, dass der Umbauplan doch noch funktionieren würde, vorneweg Lehmann, aber auch Jordan und Maurer. Sie wurden Gefangene eines schwachen Plans, den sie nicht verhindert hatten - weil es, so ihre Begründung, nicht in ihrem Mandat gelegen habe.

Lehmann engagierte die renommierte amerikanische Anwaltskanzlei Sullivan & Cromwell, die sich auf Abwicklung bei Konkursen spezialisiert hatte. Die Analyse war eindeutig: Entweder schaffen wir doch mit viel Glück unseren Turnaround - oder es wird wie bei der Finanzkrise in den USA zu einem Wochenende der langen Messer kommen, bei dem alle rechtlichen Standardetappen via Notrecht ausgehebelt werden.

Dann würde eine der beiden Optionen zur Anwendung kommen: Notverkauf an die UBS oder, falls das nicht funktionieren sollte, Verstaatlichung. Das war der Plan, der Maurer, Jordan und Lehmann verband. Der CS-Präsident bekam dann auch von Jordan einen klaren Auftrag: Bereite dich auf diese Notsituation vor - richte deinen Datenraum so ein, dass die UBS im Notfall eine Schnellprüfung machen könnte.

Und auch die UBS bekam Signale, dass die Behörden die Zwangsheirat als die beste Variante ansahen. Maurer und Jordan trafen sich im November mit Kelleher, um ihn über das Notfallszenario zu informieren. Noch war alles sehr informell. Maurer hatte bis dahin stets von seiner Präferenz für die Zwei-Banken-Lösung geredet. Das hätte für einen ausländischen Käufer gesprochen, und Kelleher brachte diese Option gegenüber seinen Verwaltungsräten weiterhin ins Spiel. Dass ihre Umsetzung jedoch kaum praktikabel war, wussten auch die UBS-Oberen. Sie hatten alle Trümpfe in der Hand. Die Angst, dass ihnen ein Konkurrent die Beute wegschnappen könnte, bei den Planspielen in den Jahren zuvor stets ein treibender Faktor, war de facto gebannt.

Anfang Dezember erstellte die Konzernleitung auf Geheiss Kellehers eine detaillierte Analyse, in Zusammenarbeit mit Morgan Stanley und der Zürcher Grosskanzlei Bär & Karrer. Drei Tage vor Weihnachten sprach sich der zwölfköpfige Verwaltungsrat formal gegen die Übernahme aus, gab allerdings seine Bereitschaft zu Protokoll, in einer Notsituation zur Verfügung zu stehen.

Die Einschätzung war wenig umstritten, nur die Schweizer Fraktion um den Duftstofferben Patrick Firmenich und die Roche-

Rechtschefin Claudia Böckstiegel zeigte sich aus patriotischen Gründen etwas offener für eine Unterstützung des taumelnden Rivalen. Die Bank wollte vermeiden, in irgendeiner Form als Profiteur dazustehen, und zudem war der Zustand der CS nach all den Abflüssen schlicht nicht einzuschätzen. Aber natürlich wusste der gewiefte Verhandler Kelleher nur zu gut: Nie bekäme er die CS so billig wie bei einem Notverkauf.

Mit seinem Vizepräsidenten Lukas Gähwiler hielt der Ire in diesen Tagen besonders engen Kontakt. Beide waren ähnliche Charaktere: Auch Gähwiler suchte das Rampenlicht nicht und redete lieber vom «Wir» als vom «Ich». Er wohnte auch nicht an der standesgemässen Goldküste, sondern im bodenständigen Langnau am Albis, 15 Kilometer von Zürich entfernt. Der einstige UBS-Schweiz-Chef verfügte über beste Kontakte zu Politikern und Behörden. Besonders zu einem Mann war der Draht eng: zu Ex-Chef Sergio Ermotti.

Beide hatten eine Wohnung in St. Moritz, man traf sich zum Skifahren. Kelleher und Gähwiler machten untereinander seit Oktober Witze, und die erreichten auch Ermotti, der Kelleher ohnehin regelmässig bei Branchenanlässen traf: Wenn wir die CS übernehmen, müssen wir Sergio ein DHL-Einschreiben nach St. Moritz mit dem neuen Arbeitsvertrag schicken. Auch im Verwaltungsrat hatte das Duo den Namen Ermotti als alten und neuen CEO bereits lanciert.

Denn für sie war unbestritten: Kommt die Grossfusion, wäre es eine vollkommen andere Sportart - hartes Mergermanagement statt Organisationsoptimierung. Von Softfaktoren wollte Kelleher ohnehin nicht viel hören: Er hatte Hamers signalisiert, nicht zu stark über «Purpose» oder «Ecosystems» zu sprechen. Für den Präsidenten und seinen Vize stand fest: Im Fall der Übernahme würden sie den Mann als CEO brauchen, der schon sieben Jahre zuvor mit seinem «Projekt Signal» die ersten Planspiele zur CS-Übernahme angestossen hatte.

Die CS-Verantwortlichen setzten derweil auf Schönreden. Am 1. Dezember hatte Lehmann in einem Interview mit der «Financial Times» gesagt, dass die Geldabflüsse nach dem starken Anstieg im

Minimalinvasiv
Thomas Jordan, Marlene Amstad

Oktober «völlig abgeflacht» seien und «sich teilweise umgekehrt» hätten. Einen Tag später erklärte er gegenüber Bloomberg Television, die Geldabflüsse seien «im Wesentlichen gestoppt». Die Aktien der Credit Suisse stiegen daraufhin am 2. Dezember um 9,3 Prozent.

Am 5. Dezember wiederholte der CS-Präsident seine Aussage auch gegenüber dem Schweizer Fernsehen. Bei der Finma, die in diesen Tagen mehrmals die Liquiditätsberichte der CS erhielt, war die Verwunderung gross: Zwar hatten sich die Abflüsse verlangsamt, aber von einer Umkehr konnte keine Rede sein. Bis Ende Jahr sollten insgesamt 130 Milliarden Franken abgeflossen sein - ein Schmelzprozess für die Geschichtsbücher.

Und auch Maurer spielte das Spiel mit. Am 13. Dezember ging er zum grossen Abschiedsinterview in die TV-Sendung «Eco». Dort behauptete er ernsthaft, man habe zuletzt von der CS «eigentlich gute Nachrichten gehört». Sie habe eine klare, neue Strategie verabschiedet. Es war auch ein Gruss an seine Nachfolgerin Karin Keller-Sutter, die drei Tage zuvor als neue Finanzministerin nominiert worden war. «Ich bin der Meinung, dass die CS die Kurve schaffen wird», sagte Maurer sprachlich ausbaufähig.

Und wenn das nicht gelinge: Wäre es dann denkbar, dass der Bund nach der UBS eine zweite Schweizer Grossbank rette? «Das ist im Moment keine Perspektive, und es gibt keinen Diskussionsgrund.» Sein Auftritt gipfelte in der Feststellung: Man müsse die CS «jetzt einfach ein Jahr oder zwei in Ruhe lassen».

Und so ging er in seine letzten Weihnachtsferien als Bundesrat. Die Abflüsse setzten sich bis Ende Jahr fort, bei der Finma blinkten die Lampen weiter tiefrot. Der damalige Bundespräsident Ignazio Cassis fragte Maurer noch, ob der Bundesrat über die Ferientage in Alarmstimmung sein müsse. Nein, alles gut, signalisierte Maurer.

14. Brian

Karin Keller-Sutter hatte schon bei ihrem Antritt im Bundesrat auf das mächtige Finanzdepartement spekuliert. Als langjährige Regierungsrätin im Ostschweizer Kanton St. Gallen verfügte sie über ausgeprägte Exekutiverfahrung. Sie hatte sich in jungen Jahren an der Dolmetscherschule Zürich zur Konferenzdolmetscherin ausbilden lassen und kurz in London und Montreal gelebt.

Auch über etwas Erfahrung in einer Finanzfirma verfügte sie: Sie hatte sechs Jahre im Verwaltungsrat der Baloise gesessen. Der Versicherer war zwar in der Schweiz nur die Nummer fünf und hatte mit Wall Street und Londoner City eher wenig Berührungspunkte. Aber immerhin - im Vergleich zu den anderen Bundesratsmitgliedern kannte sie die Abläufe in einer börsenkotierten Finanzfirma.

Ihr Aufstieg in Bern war gradlinig. 2011 war sie im ersten Wahlgang für ihren Kanton in den Ständerat gewählt worden, 2017 übernahm sie das Präsidium der zweiten Kammer. Die Wahl in den Bundesrat als Nachfolgerin des Wirtschaftsministers Johann Schneider-Ammann gelang ihr im Dezember 2018. Doch als Novizin blieb ihr nur das Justizministerium. Als das Finanzdepartement frei wurde, griff die 58-Jährige zu und übernahm den Bernerhof. Ihr Ruf: diszipliniert, akribisch, proaktiv.

Als sie nach der Weihnachtspause ihren neuen Posten antrat, war das Erstaunen gross: Eine formale Übergabe war ohnehin ausgeblieben, aber ihr Vorgänger hatte ihr nicht einmal ein Dossier zur Krisenbank hinterlassen. Eine FDP-Magistratin unterstützen? Bloss nicht. Da wurde Maurer zum Abschluss seiner in den letzten Jahren durchaus staatsmännischen Amtszeit wieder zum harten SVP-Wahlkämpfer, der er in seinen zwölf Jahre als Parteichef gewesen war. Er konnte aber auch darauf vertrauen, dass seine beflissene Staatssekretärin Stoffel seine Nachfolgerin briefen würde.

Es war der 11. Januar, an dem die neue Finanzministerin mit voller Wucht in das CS-Dossier einstieg. Das Lenkungsgremium Finanzkrisen traf sich zum ersten Mal unter ihrer Leitung. Jordan, Amstad, dazu die vier Mitglieder des Ausschusses. Die Weihnachtspause hatte allen gutgetan, selbst den CS-Aktionären.

Der Kurs war zu Jahresbeginn zurück über die Drei-Franken-Marke gesprungen. Es sah so aus, als könnte der Plan A - wir machen nichts - funktionieren. Keller-Sutter liess sich aufdatieren, drängte aber sofort auf eine Bestandesaufnahme: Das Gremium sollte ein Papier über den aktuellen Stand ausarbeiten, das sie dem Gesamtbundesrat vorlegen wollte. Als Justizministerin hatte Keller-Sutter das Finanzdepartement als Abschottungsbehörde wahrgenommen. Das sollte sich ändern. Am Nachmittag desselben Tages nahm sie zum ersten Mal als Finanzministerin an der Bundesratssitzung teil und kündigte dort die Standortanalyse an. Die Präsentation wurde auf den 1. Februar terminiert.

An jenem 11. Januar fand noch ein anderer wichtiger Termin an ihrem neuen Amtssitz statt. Zweimal im Jahr traf sich der Departementsvorsteher mit den Spitzen der Schweizer Finanzindustrie zu einem Austausch, und dieser Termin war schon länger auf diesen zweiten Mittwoch im Januar festgelegt. Zum ersten Mal traf Keller-Sutter in ihrer neuen Rolle auf die geballte Macht der heimischen Finanzwirtschaft: die Präsidenten von UBS, Credit Suisse, Zürich-Versicherung, Swiss Re und einigen mehr.

Auch die drei Männer, die das Schicksal gut zwei Monate später eng zusammenführen sollte, waren in den Bernerhof gekommen: Sergio Ermotti, Colm Kelleher und Axel Lehmann. Heikle Themen wurden dort nicht in grossem Kreis besprochen, es ging um Konjunktureinschätzungen zum Jahresbeginn und das bevorstehende WEF in Davos. Ermotti wusste von dem Interesse der Lenker seiner Ex-Bank an seiner Rückkehr im Fall der Zwangshochzeit, der Draht war eng. Es blieb auch Zeit für ein kurzes Gespräch zwischen Keller-Sutter und Lehmann. Doch mehr als Floskeln tauschte man nicht aus. Aber im Umfeld der Ministerin war zu spüren: Wirklich überzeugt war sie von Lehmann als Krisenmanager nicht.

UBS-Präsident Kelleher hatte im Januar einen Termin für einen separaten Antrittsbesuch vereinbart, und so kam er zusammen mit seinem Vizepräsidenten Lukas Gähwiler zum zweiten Mal in kurzem Abstand in den Bernerhof. Jetzt war die CS sehr wohl ein Thema. Die UBS-Lenker teilten der neuen Finanzministerin den Beschluss ihres Verwaltungsrats vom Dezember mit: Sie hätten kein Interesse an einer Übernahme. Aber natürlich, im Notfall stünde man bereit. Man müsste aber gebeten werden.

Doch hinter den Kulissen lief die von Kelleher angeworfene Maschinerie bereits auf Hochtouren. Sein einstiger Morgan-Stanley-Mitstreiter Donlon, für Schweizer Rechtsfragen unterstützt vom Bär-&-Karrer-Schwergewicht Rolf Watter, bereitete ein Papier vor, das die Forderungen der UBS für den Fall einer Zwangsheirat detailliert auflistete.

Lehmann fand jedoch keine Zeit für einen separaten Antrittsbesuch bei der neuen Finanzministerin, obwohl das Finanzdepartement offenbar mehrfach nachfragte. Bei der Finanzministerin stieg der Unmut. Auch die Finma war zunehmend enerviert über das Verhalten des Präsidenten, den sie als wenig kooperativ empfand - er weigerte sich weiterhin, einen Plan B zu liefern. Lehmann vertraute offenbar auf die ungeschriebene Abmachung, die er mit Maurer und Jordan getroffen hatte. Hoffen, dass die Sanierung funktionierte - und wenn nicht: ein Notwochenende.

Am 1. Februar präsentierte Keller-Sutter im Bundesrat ihr Papier, das im Lenkungsgremium erstellt worden war. Sie nannte die vier möglichen Lösungen: Sanierung, Verstaatlichung, Liquidation, Zwangsverkauf. Eine Präferenz vermied sie zu diesem Zeitpunkt noch.

Aber mit dem Wechsel im Finanzdepartement hatte doch eine Gewichtsverschiebung stattgefunden: Eine Verstaatlichung war für die FDP-Magistratin Keller-Sutter ein absolutes No-Go. Maurer hatte noch die Notwendigkeit von zwei Banken betont, was de facto im Krisenfall eine Übernahme durch den Staat bedeutet hätte. Und auch Jordan war gegenüber dieser Lösung offener - sie hätte das Nationalbank-Exposure minimiert. Keller-Sutter dagegen bewegte sich eher auf der Linie, die Ermotti schon im September in der «NZZ am Sonntag» formuliert hatte: «Nein», hatte der Tessiner auf die Frage geantwortet, ob die Schweiz zwei Grossbanken für ihre Volkswirtschaft brauche - eine klare Absage an die Nostalgikerfraktion.

Für die liberale FDP waren Staatseingriffe ein noch grösseres Übel als für die SVP, die sich zwar gern als Anti-Staats-Partei positionierte, in der Praxis aber, vor allem in der Agrarpolitik, durchaus wendig agierte. Zudem: An der Urne wäre eine Verstaatlichung für die FDP verheerend gewesen. Und die Schweiz befand sich einem Wahljahr: Die Parlamentswahlen waren auf den 22. Oktober terminiert.

Keller-Sutter informierte den Bundesrat auch, dass sie die von Jordan in Aussicht gestellten 50 Milliarden Franken Liquiditätshilfe als deutlich zu tief erachte. In einem anderen Punkt informierte sie den Bundesrat dagegen gemäss Jordans Linie: Eine Rettung müsse an einem Wochenende geschehen. Und es würde auf jeden Fall Notrecht brauchen.

Mit der Ruhe war es vorbei am 9. Februar, dem Tag der Ergebnispräsentation durch die CS, seit Wochen im Kalender vermerkt. Nicht nur waren die Zahlen deutlich schlechter als erwartet, auch flog die Schönrednerei von Lehmann und Maurer auf: Die Abflüsse hatten sich im ganzen Dezember fortgesetzt, die Rückzüge der mehr als 130 Milliarden Franken im vierten Quartal waren in absoluten Zahlen die grösste Kapitalflucht der Schweizer Bankengeschichte.

Der Kurs fiel wieder auf 2.75 Franken, die CDS-Spreads schossen in die Höhe. Jetzt musste allen Beteiligten endgültig klar sein: Die Bank war nicht mehr zu retten. Wieder stand die Nationalbank kurz vor der Aktivierung der Liquiditätshilfe. Doch sie drückte nicht auf den Knopf. Die Passivität auf allen Seiten hielt an. Es war fast eine Art Schockstarre.

Besonders bei den Berner Behördenlenkerinnen Keller-Sutter und Amstad stieg der Unmut über Lehmann. Im Finanzdepartement wurde der Präsident als renitent wahrgenommen. Man nannte ihn schon den «Brian der Finanzindustrie» - Brian war der bekannteste Wiederholungsstraftäter der Schweiz, der dutzendfach wegen Gewaltdelikten verurteilt worden war und den Behörden fast schon lustvoll auf der Nase herumtanzte. Die Finma hatte in der letzten Dekade die Rekordzahl von zehn Enforcement-Verfahren gegen die CS eingeleitet, wovon allerdings nur sechs öffentlich geworden waren. Genutzt hatte es nichts. Die wildeste Grossbank der Welt hatte die Regulatoren heillos überfordert.

Nur aufseiten der Nationalbank war die Stimmung etwas milder. Lehmann hielt einzig zu Jordan, den er als die starke Person auf der Troika-Seite ausgemacht hatte, den direkten regelmässigen Kontakt. Aber wirklich einsetzen für die CS wollte sich auch die Nationalbank nicht mehr - die ewigen Störfälle hatten auch sie zermürbt. Kurz nach seinem Amtsantritt hatte Jordan die CS zu einer überfälligen Kapitalerhöhung verdonnert, er hatte sich bei den US-Behörden mit seiner ganzen Autorität gegen den Lizenzentzug nach dem Kriminelle-Organisation-Schuldgeständnis eingesetzt. Irgendwann reichte es.

Wie geladen die Stimmung gegenüber dem CS-Präsidenten war, zeigte sich am 21. Februar. Die Nachrichtenagentur Reuters vermeldete, dass die Finma eine Untersuchung gegen Lehmann wegen dessen zu positiven Aussagen zu den Geldabflüssen im Dezember gestartet hatte.

Es war ein doppeltes Warnsignal: Dass die Aufseher mehr als zwei Monate nach den Aussagen die Untersuchung lostraten, signalisierte ein stark gestiegenes Unwohlsein. Und vor allem: Die Behörde legte auf Diskretion höchsten Wert, nur einen kleinen Teil ihrer zahlreichen Verfahren legte sie offen.

Dass da auf wundersame Weise die Information über die Untersuchung gegen Lehmann - wohlgemerkt kein formales Verfahren - an die Öffentlichkeit gelangte, war sehr ungewöhnlich. Die Bank kämpfte ums Überleben. Und weil sich der Präsident weigerte, einen Plan B vorzulegen, ging der Regulator öffentlich auf ihn los.

Doch Lehmann beharrte auf seinem Punkt, er hatte die Rückendeckung von Jordan, und hier lag er mit seiner Einschätzung

CS-Frust
Karin Keller-Sutter

wohl auch richtig: Für eine geordnete Fusion mit der UBS war es längst zu spät. Er hatte wie abgesprochen den virtuellen Dataroom für eine Notübernahme hochgefahren.

Später sollte noch ein anderes interessantes Faktum bekannt werden. Die AT-1-Anleihen, die Nachfolger der Cocos, die die CS unter Dougan und Rohner einst als Wundermittel der aktienschonenden Kapitalaufnahme so stark wie keine andere Bank gepusht hatte, spielten zu diesem Zeitpunkt bereits eine bedeutende Rolle – und das sollte für die folgende Klagewelle zentral werden.

Es war die Finma, die seit Ausbruch der Krise im Oktober die Abschreibung dieser Anleihen im Falle des CS-Untergangs stets als probates Instrument angezeigt hatte. In den Diskussionen mit Finanzdepartement und Nationalbank waren die AT-1-Anleihen zwar nie ein grosses Thema. Ihre Abschreibung war für die Finma aber über all die Monate stets Teil der Planung. Wenigstens ein kleiner Teil der «Too big to fail»-Gesetzgebung sollte zur Anwendung gelangen.

Die CS hatte ihren Mitarbeitern diese spezielle Anleihenform als Boni gezahlt, sie nannte sie nur anders: nicht AT-1-Anleihen, sondern Contingent Capital Awards (CCAs). Es ging um grosse Beträge: Insgesamt waren bis Ende 2022 gegen 360 Millionen Franken ausstehend, vor allem für Mitarbeiter ab der zweiten Führungsstufe. Am 12. Januar benachrichtige die CS die Finma per Mail, dass sie die Awards nicht mehr als AT-1-Anleihen klassieren würde. Sie wären deshalb aus ihrer Sicht von einer Abschreibung im Notfall nicht betroffen.

Das Konkursszenario war also reell: Körner und Lehmann wussten genau, dass im Notfall eine Abschreibung der AT-1-Anleihen drohte. Ihr scharfer Hausjurist Markus Diethelm hatte das Gegendispositiv hochgefahren. Das war ihre Form der Vorbereitung auf den Crash: die eigenen Boni sichern.

Doch das Manöver schlug fehl: Nach dem Ende der CS sollte die Finma die Boni für wertlos erklären.

Wenn die Finma Lehmann ein weiteres Mal nach einem Plan B fragte, antwortete der belagerte CS-Präsident nur: Kelleher habe sich nicht bei ihm gemeldet. Doch warum hätte der UBS-Präsident das tun sollen? Die CS wurde mit jedem Tag billiger.

Er musste nur warten.

15. Elf Forderungen

Es brauchte den Schock von aussen, der das Kartell der im Prinzip Hoffnung Vereinigten zusammenbrechen liess. Am 8. März hatten Körner und Lehmann mehr als 100 Führungskräfte zu einem Strategiemeeting im noblen CS-Tagungszentrum Bocken in Horgen mit atemberaubendem Blick über den Zürichsee zusammengezogen. Die Botschaft lautete: Alles gut, durchhalten, wir schaffen das.

Doch es passte zur Unglückssträhne, dass just an diesem Tag eine neue Hiobsbotschaft die Bank erreichte: Die US-Börsenaufsicht SEC hatte am Vorabend der geplanten Veröffentlichung des Geschäftsberichts noch spezielle Daten zu Cashflow-Angaben aus den Jahren 2019 und 2020 angefordert. Die Bank hatte daraufhin die Veröffentlichung des Berichts verschoben.

Es war ein weiteres Misstrauenssignal, das die CS weltweit weiter in die Ecke drängte. Selbst die Revisoren von PwC verweigerten die Zustimmung. Im Nachhinein stellte sich heraus, dass Finanzchef Mathers auch hier seit längerer Zeit auf Verschleppung gesetzt hatte. Dass die SEC just am Vorabend der geplanten Veröffentlichung mit dieser Anfrage kam, liess sich durchaus auch als eine Revanche interpretieren.

Doch auch hier gab sich die Führung gegen aussen sportlich. Wer etwa Konzernchef Körner am Tag der Verschiebung fragte, ob es nicht längst einen Plan B brauche, bekam die schöne Erwiderung: Auf diese Frage gebe es eine kurze und eine lange Antwort. Die kurze: nein. Und die lange: Es brauche keinen.

Am nächsten Tag passierte dann das, was bei einer so abrupten Zinswende eigentlich unvermeidlich war: Die erste Bank brach zusammen. Es traf die Silicon Valley Bank im fernen Kalifornien.

Vorher hatte sie kaum jemand gekannt. Jetzt wurde sie für die CS zum Boten des Untergangs.

Der Kollaps geschah am Freitag, dem 10. März, und sendete Schockwellen durch das globale Finanzsystem. Der Zufall wollte es, dass sich der mächtigste Bund der Weltwirtschaft am Abend zu seinem hochgeheimen Treffen einfand - wie üblich in der Schweiz. In der Basler Bank für Internationalen Zahlungsausgleich (BIZ), dem Treffpunkt aller Notenbankchefs, trafen die Währungslenker zu ihrem zweimonatlichen Rendez-vous ein. Von Fed-Chef Jerome Powell über EZB-Lenkerin Christine Lagarde bis zum Briten Andrew Bailey von der britischen Notenbank - sie alle waren geladen. Und natürlich auch Thomas Jordan.

Normalerweise fanden die Treffen in harmonischer Atmosphäre statt, alle waren per Du, es war fast eine Art Kameradschaft. Am Abschlussdiner am Sonntagabend gab es beste Bordeaux, man tauschte sich eng aus, keiner schickte einen Stellvertreter.

Doch diesmal war die Nervosität gross. Leitwolf Powell, dem als weltmächtigstem Notenbanker der Vorsitz zukam, wirkte so besorgt wie noch nie bei seinen Basel-Besuchen. Durch die Pleite der Silicon Valley Bank drohe eine neue Finanzkrise, so seine Befürchtung.

Das entbehrte nicht einer gewissen Ironie, da das Desaster der kalifornischen Bank durch Powells extrem rasche Zinserhöhungen ausgelöst wurde, die wiederum notwendig waren, weil der Fed-Chef und mit ihm seine ganze Gilde die Inflation viel zu lange kleingeredet hatten und er zudem die Regulierung der Regionalbanken in den USA hatte schleifen lassen.

Besonders alarmierend: Auch die Silicon Valley Bank verfügte über satte Kapital- und Liquiditätsquoten - wie die CS. Die Angst war gross: Wenn das Virus auf eine der 30 systemrelevanten Banken überspringt, taumelt das gesamte Finanzsystem. Und alle wussten: Der kranke Mann des globalen Bankings sass in Zürich - ihn würden die Börsenhyänen zuerst anfallen. Entspannt konnte Jordan die Heimreise aus Basel nicht antreten.

Am nächsten Tag nahmen die Abflüsse stark zu. Doch das hinderte Körner nicht daran, am Dienstag bei der grossen Morgan-Stanley-Finanzkonferenz in London, einem renommierten Branchentreffen, die Lage schönzureden – er setzte einfach das Verhalten fort, das bei seinem Präsidenten zur Finma-Untersuchung geführt hatte.

Am Montag habe die CS einen guten Zufluss an Kundengeldern verzeichnet («Material Good Inflows»). Körner fügte hinzu, die Liquiditätssituation habe sich seit Ende Jahr verbessert, die entsprechende Kennzahl, die «Liquidity Coverage Ratio», sei von 144 auf 150 gestiegen. Diese Aussagen führten an eben diesem Dienstag dazu, dass der Kurs der arg gebeutelten CS-Aktie stieg. Die Finma-Verantwortlichen wunderten sich einmal mehr. Sie erhielten jetzt fast stündlich die Abflusszahlen, und die waren beträchtlich. Es herrschte höchste Alarmstufe.

Es brannte, und Finanzstaatssekretärin Daniela Stoffel schlug Alarm. Auf ihr Geheiss hin berief Amtschefin Keller-Sutter auf den nächsten Tag eine Notsitzung des Lenkungsgremiums im Bernerhof ein. Jordan und Schlegel mussten wieder in die Hauptstadt kommen. Fünfeinhalb Monate lang, nach dem verhängnisvollen Tweet des Australiers David Taylor, wollten alle Beteiligten diesen Moment unbedingt vermeiden. Jetzt war er da.

Es begannen die wildesten 96 Stunden der Schweizer Bankengeschichte, eingeläutet am 15. März, dem neuen schwarzen Mittwoch des Swiss Bankings.

Lehmann war an eine Konferenz des saudischen Finanzministeriums nach Riad geflogen, auch als Ehrerbietung für den neuen Grossaktionär Ammar al-Khudairy von der Saudi National Bank. Mit ihm hatte er sich zum Lunch verabredet. Morgens hatte er noch auf einem Panel betont, dass seine Bank keinesfalls Staatshilfe benötige, was zu diesem Zeitpunkt formal noch korrekt war. Als er anschliessend durch das Konferenzzentrum schlenderte, sah er auf den grossen TV-Schirmen, wie sein Grossaktionär bei Bloomberg ein Interview gab.

Auf die Frage, ob die Bank für weitere Geldspritzen offen sei, sagte al-Khudairy: «Die Antwort lautet: absolut nicht, und zwar aus vielen Gründen, abgesehen vom einfachsten Grund, nämlich dem regulatorischen und gesetzlichen.» Nichts Neues eigentlich, aber für die hypernervösen Finanzmärkte eben schon: Der CS-Kurs brach ein. Dass viele Investoren in den hastig verbreiteten Meldungen der Nachrichtenagenturen den Satz «SNB does not stand behind Credit Suisse» in der Panik auf die Nationalbank bezogen, war wenig hilfreich - der saudische Investor und die Schweizer Nationalbank haben das gleiche Kürzel.

Den Lunchtermin mit seinem Investor nahm Lehmann noch wahr. Es gab lokale Spezialitäten, doch Lehmann war nicht im Genussmodus - in der Heimat war die Hölle losgebrochen, Riad hatte zwei Stunden Zeitvorsprung auf Zürich. al-Khudairy entschuldigte sich mehrere Male, nur wenige Tage später sollte ihn der Fauxpas den Job kosten. Doch Lehmann hörte nicht wirklich zu. Er verbrachte den Grossteil des Lunchs am Telefon mit der Zentrale in Zürich. Die Abflüsse waren gigantisch. Der neuerliche Bank Run, drei Tage zuvor von Fed-Chef Powell in Basel noch als Horrorszenario skizziert, war Realität geworden. Dieses Mal war es sogar schlimmer als im Oktober.

Doch was Lehmann nicht wusste: Zu dieser Zeit war das Ende seiner Bank schon besiegelt. Denn im Bernerhof hatte das staatliche Rettungskommando der drei Behörden entschieden: Jetzt aktivieren wir unseren Plan B - den Notverkauf an die UBS. Beobachter sahen Keller-Sutter aus dem Bernerhof laufen. Es ging nach Zürich - zur dortigen Dependance der Finma an der Wasserwerkstrasse. Die Finma besetzte in dem architektonisch eher herausgeforderten Zweckbau in Bahnhofsnähe sechs Etagen. Die Sitzungszimmer lagen im Parterre und waren nach Zürcher Wahrzeichen benannt: Paradeplatz, Grossmünster, Primetower.

Um 14 Uhr erreichte Kelleher der Anruf von Thomas Hirschi, dem Finma-Leiter für die Bankenregulierung. Das Telefonat, das so lange in der Luft gelegen hatte, war für den Präsidenten kaum mehr eine Überraschung. Aber dennoch, so sollte er es später im kleinen Kreis schildern, konnte er nach Beendigung des Anrufs zwei Minuten nicht sprechen. Er fühlte sich wie benommen: Die Grenzerfahrungen aus der Finanzkrise stiegen wieder in ihm hoch.

Es waren die zehrendsten Tage seines Berufslebens, die er 15 Jahre zuvor erlebt hatte. Jetzt ging es wieder los.

Ein weiterer Terminzufall: Kelleher hatte ohnehin für diesen Mittwoch ein Treffen am Zürcher Finma-Sitz mit Hirschi vereinbart. Der neue Termin, jetzt allerdings mit historischer Dimension, wurde auf 16 Uhr gelegt. Kelleher rief umgehend seinen CEO Hamers an, der ebenfalls an der Morgan-Stanley-Konferenz in London teilgenommen und dort betont hatte, dass die UBS auf organisches Wachstum setze und an der CS kein Interesse habe.

Hamers wollte sich per Video zuschalten, doch das akzeptierte Kelleher nicht - bei einer derart wichtigen Sitzung sei die virtuelle Präsenz unpassend. Der Präsident bot andere Mitstreiter auf für das wohl wichtigste Meeting der UBS-Geschichte seit der Fusion mit dem Bankverein 25 Jahre zuvor: seinen Vizepräsidenten Lukas Gähwiler, Rechtschefin Barbara Levi und Markus Baumann, den Sekretär des Verwaltungsrats. Dass Hamers nicht per Video dabei sein durfte, zeigte die nicht mehr ganz so feinen Risse zwischen den beiden UBS-Lenkern. Das sollte auch die Gegenseite am Verhandlungstisch registrieren.

Es hätte ein netter Spaziergang an diesem frühlingshaften Märztag werden können, der Wetterbericht verhiess «sonnige Abschnitte». Vom UBS-Hauptsitz waren es knapp 1500 Meter zur Finma-Dependance. Der Fussweg führte durch einen gepflegten Park und vorbei am Platzspitz, dem einst berüchtigten Drogenumschlagplatz der Stadt, dann über eine kleine Brücke über die Limmat. Doch für Musse blieb keine Zeit. Die vier UBS-Oberen fuhren mit zwei Firmenlimousinen bei der Finma vor - und sie hatten ihren längst detailliert ausgearbeiteten Plan im Gepäck.

Keller-Sutter, Jordan, Amstad und die vier Ausschussmitglieder Schlegel, Angehrn, Stoffel und D'Amelio-Favez erwarteten sie. Die Botschaft war unmissverständlich: Ihr müsst die Credit Suisse übernehmen. Das nötige Pathos fehlte nicht: Es gehe um nichts weniger als die Rettung des Finanzsystems. Als Alternativen nannten die Behördenvertreter nur die Liquidation - und die war eigentlich keine. Dass es eine weitere Möglichkeit gab - die Verstaatlichung - wurde mit keinem Wort erwähnt. Das stärkte wiederum die Position der UBS.

Die UBS-Oberen legten einen Einseiter auf den Tisch, der genau elf Forderungen detailliert auflistete. Die wichtigste: keinerlei Auflagen für die Integration des Schweiz-Geschäfts. Dass die UBS bei einer regulären Übernahme heftige Gegenwehr von den Wettbewerbsbehörden zu erwarten hätte, hatte in den internen Analysen immer als grösste Hürde des Deals gegolten. Jetzt müsse sie fallen, so das unmissverständliche Postulat. Zwei Forderungen betrafen die Finanzseite: Staatsgarantien vom Bund und Liquiditätshilfen von der SNB müssten zugesichert werden. Über die Höhe gab es schon erste Diskussionen. Doch es ging noch nicht in die Details.

Dazu kamen acht weitere Forderungen: kein Aufpreis auf den aktuellen CS-Marktwert, Kontrolle über die Rechtsstruktur, Anerkennung des Badwills bei der Übernahme des CS-Eigenkapitals, keine Restriktionen für Aktienrückkäufe, volle Offenlegung der Finma-Informationen zur CS, sofortiger Zugang zur ersten CS-Führungsstufe, Kontrolle über die CS-Kommunikation und ein Statement, dass die UBS von den staatlichen Behörden um diese Übernahme gebeten wurde.

Was im Nachhinein besonders wichtig werden sollte: Die Abschreibung der AT-1-Anleihen stand nicht auf der Liste. Denn wenn die Bank diesen Schritt gefordert hätte, wäre sie zum Ziel der absehbaren heftigen Rechtsklagen geworden. Das war dem Rechtsteam um Barbara Levi und Rolf Watter offenbar bewusst. Das Duo achtete penibel darauf, dass in der ganzen Dokumentation über die Übernahme nirgends die Forderung nach der Abschreibung dieser Anlageinstrumente auftauchte. Offenbar hatte es bereits Signale erhalten, dass die Finma die Abschreibung der AT-1-Anleihen ohnehin plane.

Die UBS hatte selbst mehrere AT-1-Anleihen ausstehend und kannte die Mechanismen deshalb genau. Debattiert wurde an dieser ersten Sitzung nicht über die Abschreibung. Für die UBS gehörten sie in das Paket der Staatsgarantien, über deren konkrete Ausgestaltung an diesem Mittwoch noch nicht gesprochen wurde. Aber natürlich wussten die UBS-Oberen, dass keine Bank der Welt so viele AT-Anleihen ausstehend hatte wie die CS: 17,1 Milliarden Franken.

Und die Haltung war intern auch klar definiert: Wenn wir das AT-1-Kapital nicht bekommen, muss der Bund eben mehr zahlen.

Nach gut einer Stunde setzten sich die vier UBS-Granden wieder in ihre Limousinen und fuhren davon. Die Sitzungsteilnehmer wirkten gefasst, aber fast schon eingeschüchtert. «Das sind keine Pestalozzis», sollte Keller-Sutter später im engsten Kreis berichten. Am Ende erfüllten die Behörden alle elf Forderungen.

Anschliessend wurde der Ton schärfer. Überrascht von der dramatischen Wendung konnte auch die CS-Führung nicht gewesen sein – Lehmann wusste ja von den Plänen zur UBS-Notübernahme. Weil der Präsident in Riad war, kam es zu einem Videocall, aus London war auch Körner zugeschaltet. Der hatte am Morgen noch ein Interview für die Sendung «Asia Tonight» des Börsensenders CNBC gegeben und dort die Solidität der Bank und die Übererfüllung des Umbauplans betont. Und ja, er freue sich auf die alljährliche CS-Investmentkonferenz in Hongkong von nächster Woche.

Jetzt sank die Freude rapide. Die unmissverständliche Botschaft: Ihr werdet von der UBS übernommen – oder ihr geht in Konkurs. Das Gespräch war kurz, Diskussionen gab es keine, auch wenn die CS-Oberen versuchten, Gegenargumente anzubringen: Es handle sich nur um eine Delle, man benötige lediglich etwas Liquidität, dann würde man auch diesen Ansturm überstehen. Doch dieses Mal funktionierte das ewige Vertrösten nicht mehr. Das Spiel war vorbei. Das Geld lief weiter aus der Bank, die CDS-Werte schossen in die Höhe, der Kurs taumelte.

Direkt nach dem Gespräch rief Lehmann in seinem Hotelzimmer in Riad seinen Verwaltungsrat per Videokonferenz zusammen und überbrachte die triste Nachricht. Dann organisierte er einen Nachtflug nach Zürich.

Der Bankspitze blieb nichts anderes übrig, als den Notfall auszurufen und gemäss vorher festgelegtem Szenario bei der Nationalbank Liquidität anzufordern. Das Communiqué dazu verschickten Finma und Nationalbank aber erst später, um 20.10 Uhr. Es sollte beruhigend wirken: Die CS erfülle die «Anforderungen an Kapital und Liquidität». Doch das stimmte schlicht nicht.

Die Behörden griffen jetzt zu einem Mittel, das sie der CS immer vorgeworfen hatten: Schönrederei. Das Statement war börsenrelevant, und jeder private Player hätte dafür wegen Marktmanipulation belangt werden können: Besitzer von AT-1-Anleihen und auch Aktionäre kauften aufgrund des Statements sogar noch zu - die Regulatoren hatten etwas kreiert, was sie sonst selbst mit einem Verfahren ahndeten: einen sogenannten «False Market» im Börsenjargon. Bei der Nationalbank hielt man dann intern auch fest, dass die Finma auf dieses Statement gedrängt habe und unbedingt die Nationalbank als Stabilitätspfeiler im Boot haben wollte. Es zeigten sich feine Risse zwischen den Behörden. Die Finma war während der gesamten Rettungsaktion das schwächste Glied in der Kette.

Hamers kam am Mittwochabend zurück nach Zürich und kontaktierte am Donnerstagmorgen Körner, um Zugang zu den Daten zu bekommen - eine Speed Due Diligence. Den virtuellen Dataroom hatten Lehmann und Körner ja auf Geheiss von Jordan längst vorbereitet. Das UBS-Team hatte nur 48 Stunden Zeit: Am Samstag sollte Hamers seinem Verwaltungsrat eine Einschätzung inklusive Kaufpreis vorlegen.

Die CS schickte die Entschlüsselungscodes für ihre Kerndaten, noch immer widerwillig, mehrere Dutzend Spezialisten aus den verschiedenen Bankbereichen analysierten erstmals intensiv die Zahlen des Rivalen. Alles lief digital, Treffen gab es keine. Derweil lief das Geld nur so aus der Bank. Jetzt, als der Ernstfall da war, sah sich Jordan in seiner in den letzten Monaten mehrfach geäusserten Befürchtung bestätigt: Liquiditätshilfe ohne einen Sanierungsplan war kontraproduktiv.

Die Nervosität stieg - weltweit. Das bekam auch Keller-Sutter zu spüren. Plötzlich stand die einstige Dolmetscherin im Zentrum der Hochfinanz und musste einen Telefonmarathon absolvieren. Janet Yellen, als Ex-Fed-Chefin und aktuelle US-Finanzministerin die mächtigste Frau der globalen Finanzszene, liess sich zu ihr durchstellen. Keller-Sutter berichtete von den beiden Lösungen - UBS-Rettung oder Abwicklung -, und die zierliche Frau soll auf die zweite Variante ungewohnt gereizt reagiert haben: «Resolution? Are you crazy?»

Perfekt gepokert
Colm Kelleher (l.), Lukas Gähwiler

Der englische Kollege Jeremy Hunt sagte Unterstützung zu, der Franzose Bruno Le Maire drängte auf eine schnelle Lösung. Und der deutsche Kollege Christian Lindner, als FDP-Politiker Bruder im Geiste, bestärkte die Ministerin in ihrer Aversion gegen eine Verstaatlichung - das Beispiel der Commerzbank, an welcher der deutsche Staat auch 15 Jahre nach der Finanzkrise noch immer beteiligt war, taugte als Abschreckung.

Die Finanzministerin hatte nur ein Ziel: ohne Totalabsturz ins Wochenende zu kommen. Am Donnerstag hatte die Nationalbank im Rahmen ihrer Emergency Liquidity Assistance (ELA) das angeforderte Geld eingeschossen. Eigentlich sollten 50 Milliarden Franken fliessen, doch die CS konnte nur Sicherheiten von 39 Milliarden liefern. Die Abflüsse gingen unvermindert weiter: 14 Milliarden Franken allein am Donnerstag, davon die Hälfte in der Schweiz. Die Panik hatte längst den Heimmarkt erfasst.

Der Nationalbank blieb nichts anderes übrig, auch auf Druck der Finanzministerin und des Gesamtbundesrats, der am Donnerstag notfallmässig tagte, als erstmals in ihrer Geschichte gegen das eigene Gesetz zu verstossen und am Freitag weitere 20 Milliarden Franken in die CS einzuschiessen - ohne Sicherheiten: ELA-Plus-Fazilität nennt sich das Instrument. Jordan aktivierte es nur sehr widerwillig.

Aber es war alternativlos: Der neue CS-Finanzchef Dixit Joshi hatte am Freitagmittag gemeldet, dass es die CS ohne Hilfen kaum bis ins Wochenende schaffen würde. Es gelang noch geradeso, doch allen Beteiligten war bewusst: Die Börsenöffnung am Montag würde die Bank nicht überstehen.

Die EZB hatte ihre Banken bereits angewiesen, die Linien mit der Credit Suisse zu kappen. Auch hier lief hinter den Kulissen ein Machtspiel. Finma-Chef Angehrn hielt direkten Kontakt mit den Aufsichtskollegen an den beiden wichtigsten ausländischen Standorten: Sam Woods bei der britischen Prudential Regulation Authority in London, angehängt an die Bank of England, und Michael Barr bei der Fed in Washington. Beide waren auch über die geplante Abschreibung der AT-1-Anleihen informiert.

Nicht dabei: Andrea Enria, Chef der europäischen Bankenaufsicht, die an die EZB angehängt war. Der Italiener kochte – die europäischen Banken betreiben mit einem Volumen von mehr als 130 Milliarden Euro den grössten AT-1-Markt der Welt, die Amerikaner hatten von diesem Instrument weitgehend die Finger gelassen. Jetzt wurde dieser Markt durch die Schweizer Abschreibungen brutal beschädigt, und er erfuhr davon nicht einmal aus erster Hand. Einmal mehr machte sich die Schweiz in Europa keine Freunde.

16. Zu viel ist zu viel

Am Samstag wechselte die Stimmung zwischen Hektik und Panik. Während die UBS-Spezialisten unter Hochdruck die CS-Daten durchleuchteten, suchte Lehmann mit seinem Team nach einem Ausweg. Doch das war kaum mehr als eine verzweifelte Alibiübung, auch zum Abweisen späterer Aktionärsklagen. Das musste er selbst nur zu gut wissen. Er selber hatte sich schon in den noch ruhigeren Herbstmonaten einem Deal verweigert, weil eine reguläre Übernahme aus seiner Sicht nicht möglich war.

Jetzt war sie es erst recht nicht: Die rechtlichen Hürden für einen ausländischen Käufer wären in zwei Tagen gar nicht zu bewältigen gewesen - allein die Anwendung des Notrechts, von dessen geplantem Einsatz alle Player früh wussten, machte eine ausländische Alternative unmöglich. Kein ausländischer Staat würde allein wegen einer Banküberhahme ebenfalls Notrecht aktivieren. Und ausserdem hätte die Finma die Gewähr für einen Käufer geben müssen - und wenn die CS schon nicht überleben konnte, so sollte sie doch zumindest in heimischen Händen bleiben: So viel Patriotismus war da denn schon. An diesem Wochenende war nur ein Deal möglich, das hatte die Troika unmissverständlich allen Beteiligten mitgeteilt: die Zwangshochzeit mit der UBS. Und dieser Deal musste bis Sonntagabend wasserdicht stehen.

Doch Lehmann versprühte Aktivismus. Angeblich wollten die Saudis zwölf Milliarden Franken bieten, und auch Blackrock kam ins Spiel. Der amerikanische Vermögensverwalter hatte schon früher einmal sein Interesse am CS-Wealth-Management-Arm signalisiert, das wusste Lehmann auch. Der Blackrock-Gründer Larry Fink war in den 1980er Jahren eher unehrenhaft bei der CS entlassen worden: Er musste nach einem 100-Millionen-Dollar-Verlust gehen und hatte dann Blackrock gegründet. Da wäre ein Deal jetzt zu einem Spottpreis eine kleine Genugtuung gewesen.

Der Ex-Nationalbank-Chef Hildebrand, seit mehr als zehn Jahren im Sold der Amerikaner, intensivierte von London aus seine alten Kontakte nach Bern. Doch eben: Allein schon wegen des Zeitdrucks war der Deal chancenlos. Alle Genehmigungen für einen wasserdichten Deal an einem Wochenende zu erhalten, inklusive der Zustimmung der Aktionäre, war unmöglich. Am Samstagmittag erhielt Thomas Jordan von Larry Fink persönlich einen Anruf: Der Deal sei abgeblasen.

Und auch ein anderer Schlüsselspieler erhielt an diesem Samstagmittag einen interessanten Anruf: Sergio Ermotti.

Offensichtlich war es der Troika doch unwohl, so ganz ohne Plan B in die Verhandlungen zu gehen. Denn die beiden Banken mitgeteilte Alternative zur UBS-Übernahme, die Liquidation der CS, war de facto keine: Dieses Risiko wollte niemand eingehen. Und noch immer konnte vieles schiefgehen. Es brauchte bis Sonntagabend zwingend die Zustimmung beider Verwaltungsräte. Ein Restrisiko blieb.

Also wurde der langjährige UBS-Chef gefragt, ob er im Falle einer Verstaatlichung die CS als Präsident übernehmen würde. Er zögerte schon, aber angesichts der Notsituation signalisierte er seine grundsätzliche Bereitschaft – unter der Bedingung, dass er das Swiss-Re-Präsidium nicht sofort aufgeben müsse. Allerdings: Es war nur ein absoluter Notplan. Weder Kelleher noch Lehmann wussten davon.

Interessant war auch, von wem der Anruf kam: nicht von Keller-Sutter, die als Leiterin des Lenkungsgremiums eigentlich zuständig gewesen wäre. Doch sie war strikt gegen die Staatslösung und wollte sich in keiner Form exponieren. So war es Finma-Chefin Amstad, formal als Aufseherin auch für die Versicherungsindustrie verantwortlich, die den Anruf tätigte. Und Ermotti war nicht der Einzige: Auch der angesehene Zürich-Chef Mario Greco wurde angefragt.

Am Samstagnachmittag lieferte das Team von Hamers seine Einschätzung an Kelleher. Während es für das erfolgreiche Heimgeschäft schnell grünes Licht gab, leuchteten vor allem bei manchen CS-Investmentbank-Transaktionen tiefrote Lichter - sie lagen deutlich über dem Risikoappetit der UBS. «Wir sind auf koreanische Finanzprodukte mit Laufzeiten bis ins Jahr 2072 gestossen», sollte Vizepräsident Gähwiler später berichten. Die Zeit für eine erste Offerte war gekommen. Kelleher liess sich von seinem Verwaltungsrat die Erlaubnis geben, die Preisverhandlungen allein führen zu dürfen. Am frühen Abend gab es dann eine Videositzung, die von Jordan und nicht von Keller-Sutter geleitet wurde.

Drei Milliarden Franken, so die Botschaft des UBS-Präsidenten, würde seine Bank für die CS bieten, weniger als die Hälfte des letzten Marktpreises von acht Milliarden Franken. Doch dann geschah Erstaunliches: Jordan teilte ihm mit, dass dieser Betrag zu hoch sei - aus seiner Sicht würde eine Milliarde als Kaufpreis genügen. Später sollte die UBS-Spitze wegen des angeblich zu tiefen Angebots von einer Milliarde in den Medien als Krisenprofiteur kritisiert werden. Was niemand wusste: Der Vorschlag war von Jordan im Namen der Troika gekommen.

Bei der UBS spekulierte man: Wollte Jordan etwa mit dem tiefen Gebot den CS-Verwaltungsrat so verärgern, dass dieser Nein sagen würde - und dann doch die Variante Verstaatlichung umsetzen? Ermotti stand ja für diese Lösung als VR-Präsident zur Verfügung, und eine Staatslösung hätte die Nationalbank weniger involviert als die Zwangsheirat. Oder, wahrscheinlicher: Wollte er mit dem niedrigen Kaufpreis die Ausgaben der UBS tief halten, damit sie bei den bevorstehenden Verhandlungen um die Staatsgarantien weniger fordern und damit der Steuerzahler weniger belastet würde?

Kelleher beriet sich mit dem Engländer Jeremy Anderson, als Lead Director neben Gähwiler seine zweite zentrale Stütze im Verwaltungsrat. Umso besser, so das Fazit: Dann bieten wir eben nur eine Milliarde. Erstmals in dem gesamten Prozess versuchte Kelleher seinen Gegenpart Lehmann telefonisch zu erreichen. Doch der CS-Präsident war nicht erreichbar.

Kelleher und Anderson gingen in das Restaurant Cantinetta Antinori, 30 Meter entfernt von den Säulen des UBS-Hauptsitzes an der Bahnhofstrasse 45 - und mit der wohl besten toskanischen Küche der Stadt. Das wusste Kelleher besonders zu schätzen: Seit vielen Jahren verbrachte er mit seiner schottisch-italienischen

Ehefrau viel Zeit auf seinem Anwesen in der Nähe von Siena. Während des Essens rief Lehmann zurück. Kelleher ging auf die Strasse. Eine Milliarde Franken, so teilte er seinem Gegenüber mit, würde die UBS bieten. Lehmann war konsterniert.

Im CS-Hauptsitz, gerade 200 Meter von Kellehers Restaurant entfernt, rüstete er zur Gegenwehr. Zusammen mit Körner protestierte er bei der Troika schriftlich gegen den aus seiner Sicht viel zu tiefen Kaufpreis. Mit dabei als Rechtsbeistand an vorderster Front: Markus Diethelm, der einstige Rechtschef der UBS.

Bei seinem alten Arbeitgeber gewann er mit seiner harten Haltung keine Pluspunkte: Er schoss gegen seine Ex-Bank. Dass er später auch noch scharf gegen die Abschreibung der AT-1-Anleihen protestierte, war seinem Ansehen bei der UBS ebenfalls nicht zuträglich. Als es einige Wochen später darum ging, den General Counsel für den Fusionskonzern zu bestimmen, war Diethelm chancenlos.

Am nächsten Morgen fuhren beide Bankdelegationen erstmals nach Bern. Beide hatten an diesem Sonntag der Entscheidung getrennte Sitzungen mit dem Bundesrat und den Verantwortlichen von Nationalbank und Finma vereinbart: Lehmann und Körner sollten von 9 bis 10 Uhr vorsprechen, für die UBS-Spitze war der Termin auf 10 Uhr angesetzt.

Doch die UBS-Delegation um Kelleher und Hamers musste warten. Die Sitzung mit den CS-Verantwortlichen dauerte deutlich länger und wurde hitzig: Bis zum Schluss klammerte sich das Führungsduo daran, dass es nur etwas mehr Überbrückungshilfe benötige, dann liesse sich ihr Plan weiter umsetzen.

Der Unmut gegenüber den halsstarrigen Managern schwoll massiv an. Zumindest eine Konzession erhielten die CS-Chefs: Der Bund zeigte sich offen für einen Kaufpreis von drei Milliarden Franken statt der bisher gebotenen einen Milliarde. Denn noch hatten die CS-Oberen eine entscheidende Trumpfkarte. Selbst wenn wie geplant auf die Zustimmung der Aktionäre verzichtet wurde, brauchte es die Zustimmung des Verwaltungsrats.

Würde sich das Kontrollgremium querstellen, wäre der Deal nicht bis Montagmorgen rechtlich wasserdicht abschliessbar – und dieses Ziel stand über allem. Dass der vom Typus her eher gleichmütige Lehmann bei der ebenfalls eher gleichmütigen Keller-Sutter heftige Gefühlsregungen negativer Art hervorbrachte, belegte die Anspannung auf beiden Seiten. Später sollte die Finanzministerin die Boni für die CS-Mitarbeiter streichen. Sie hatte genug.

Erst um 10.40 Uhr betrat die UBS-Delegation den Raum. Die Gesichter der Bundesräte, so sollten sich die UBS-Verantwortlichen hinterher zuraunen, wirkten gut durchblutet. Die Atmosphäre war nüchterner, aber ebenfalls durchaus angespannt. Ihre elf Forderungen hatte die Bank schon vier Tage vorher postuliert, und sie waren allesamt akzeptiert worden. Jetzt ging es vor allem die Ausgestaltung der Finanzhilfe.

Kelleher und Hamers gaben sich grosszügig: Man könne schon mehr bezahlen als die gebotene eine Milliarde Franken, die ja ohnehin von staatlicher Seite vorgeschlagen worden war. Die ursprünglich genannten drei Milliarden etwa wären auch o.k., wenn es dafür mehr Staatsgelder gäbe. Und so ging das Geschacher los: Die UBS erklärte sich bereit, die ersten fünf Milliarden an allfälligen Verlusten selbst zu tragen, anschliessend brauche es aber ordentliche Staatsgarantien. Der Bund bot erst fünf Milliarden, dann sieben, doch das war der UBS noch immer zu wenig angesichts der Erhöhung des Kaufpreises. Am Ende wurden es neun Milliarden.

Es war eine Umverteilung der Schweizer Steuerzahler an die CS-Aktionäre – wäre der Kaufpreis bei einer Milliarde geblieben, hätte der Bund nur sieben Milliarden Franken zahlen müssen. Für Keller-Sutter war jede zusätzliche Milliarde ein Stich in ihr liberales Herz – und Wählergift für ihre Partei im Wahljahr. Bei neun Milliarden habe sie schon fast beatmet werden müssen, sollte sie hinterher im kleinen Kreis sagen.

Verhandelt wurde auch über eine Staatsgarantie bei einem Verlust von mehr als 14 Milliarden: Hier wollte man bei Bedarf, so die salomonische Einigung, eine gemeinsame Lösung finden. Und auch Jordan musste Opfer bringen: Die Nationalbank stellte insgesamt 200 Milliarden Franken an Liquidität zur Verfügung, erhielt vom Bund aber nur eine Ausfallgarantie von 100 Milliarden über den per Notrecht eingeführten Public Liquidity Backstop. Am Ende musste Jordan doch mehr ins Risiko gehen, als ihm lieb war.

Die AT-1-Anleihen waren an der Sitzung kein Thema: Die Finma hatte die Abschreibung bereits im Vorfeld signalisiert. Hier ging die Umverteilung in die Gegenrichtung: Statt des Schweizer Steuerzahlers zahlten internationale Investoren. Der Aufschrei im Ausland sollte gross sein, denn in der Hierarchie der Anteilseigner standen die Anleihenbesitzer weltweit vor den Aktionären. Doch die hatten noch drei Milliarden bekommen. Dreizehn verschiedene AT-1-Anleihen hatte die CS ausstehend, neun in Dollar, drei in Franken und eine in Singapur-Dollar. De facto war es eine Enteignung, denn als Auslöser für die Abschreibung war das Unterschreiten einer bestimmten Kapitalschwelle definiert.

Doch dazu war es nicht gekommen: Die Kapitalsituation befand sich während der gesamten Krise nie im roten Bereich, wie selbst die Finma stets betonte. Sie sollte später behaupten, dass allein schon das Auslösen der Staatshilfe als Rechtsgrundlage für die Abschreibung genügen würde. Aber es war von den Behörden auch eine Bestrafung der Investoren, die von der CS über Jahre hohe Zinsbeträge eingestrichen hatten: Auch der Grossaktionär aus Katar etwa hatte die Anleihen gezeichnet.

Bezeichnend für die Schwäche der Finma: Mit dem scharfen Quinn-Emanuel-Anwalt Thomas Werlen sollte ein Mann zur Drehscheibe der Kläger und damit zum aggressivsten Finma-Gegenspieler aufsteigen, den die Berner Aufseher drei Jahre zuvor trotz heftiger Gegenwehr der CS noch unbedingt als Untersuchungsbeauftragten für die Beschattungsaffäre hatten beauftragen wollen. Jetzt stand der beschlagene Werlen auf der anderen Seite. Eine weitere Folge der Unterdotierung der Schweizer Aufseher - über kompetente eigene Teams für derartige Untersuchungen verfügten sie eben nicht.

Am Nachmittag bezog Keller-Sutter das Parlament ein. Je drei Vertreter von National- und Ständerat mussten die Staatsgarantien absegnen, und schon da gab es manche Gegenfrage. Keller-Sutter musste feststellen, wie schwierig schon diese vergleichsweise staatsschonende Lösung den Abgeordneten zu vermitteln war. Zweieinhalb Wochen später sollte der Nationalrat in seiner Sondersitzung dem Rettungspaket sogar die Zustimmung verweigern.

Um 16 Uhr tagte der CS-Verwaltungsrat, Keller-Sutter, Jordan und Amstad waren zugeschaltet und appellierten an die Verantwortung der Organträger. Schliesslich stimmte das Gremium, das seit Jahren vollkommen überfordert war, dem Ende der Bank zu. Und auch der UBS-Verwaltungsrat gab grünes Licht. Um 19.30 Uhr begann die historische Pressekonferenz im Berner Medienzentrum, die der geschlagene Lehmann mit dem Satz befruchtete: «Zu viel ist zu viel.» Er hatte alles versucht. Doch die Schieflage durch Archegos und Greensill, ausgelöst durch Thiams Kontrollchaos unter Rohners mangelnder Aufsicht, war in der Tat zu viel gewesen.

Kelleher blieb ruhig bei der Sitzung: klare Ansagen, kein Wort zu viel, perfektes Pokerface. Er kenne sich mit Krisensituation aus, liess er in seinem Eingangsstatement nur verlauten, schliesslich sei er Finanzchef schon «während der Finanzkrise gewesen» - und das, so die Implikation, bei der später erfolgreichsten Investmentbank der Welt. Das Motto: Kompetenz markieren, aber bloss keine Triumphgefühle.

Er hatte sich mit allen Forderungen durchgesetzt. Seine Strategie des Abwartens hatte der UBS den bestmöglichen Deal beschert: 35 Milliarden Franken CS-Eigenkapital, Aushebelung von Wettbewerbskommission und Aktionärsrechten, üppige Staatsgarantien zusätzlich zum AT-1-Kapital, volle Beinfreiheit beim Personal. Bei einem regulären Zusammenschluss wäre es zwangsläufig zu einem Gezerre um die Spitzenposten gekommen, jede Bank hätte einen Vertreter des Führungsduos eingebracht. Jetzt war vollkommen unbestritten: Die UBS stellte den Präsidenten und den CEO.

Die Frage für Kelleher war nur: welchen CEO? Und da hatte er sich längst entschieden. Schon bei der VR-Sitzung am Sonntag vor der offiziellen Deal-Bekanntgabe hatte Kelleher seinen Mitstreitern mitgeteilt, dass er gern Ermotti für den CEO-Posten kontaktieren würde. Doch einen formalen Beschluss für den Chefwechsel gab es noch nicht. Am Sonntagabend veranstaltete Hamers mit seiner Finanzchefin Sarah Youngwood einen einstündigen Investoren-Call zur Übernahme. Der Vollprofi Kelleher war nicht wirklich überzeugt und sah sich in seinem Wechselwunsch bestätigt. Am

Montag rief er Ermotti an. Es war diese Ruchlosigkeit in Schlüsselmomenten, die einen starken Präsidenten auszeichnete.

Das Telefonat war kurz. Ob man sich nicht am Dienstag zum Abendessen treffen könne? Der Tessiner, ebenfalls krisengestählt, fragte nicht nach, ob es um den CEO-Job gehe. Er konnte es sich denken, schliesslich waren die Signale in den Monaten zuvor eindeutig. Er sagte für das Abendessen zu.

Es fand an einem speziellen Ort statt: im Haus von Vizepräsident Lukas Gähwiler in Langnau am Albis. Kelleher verzichtete sogar auf die Firmenlimousine und nahm ein Uber-Taxi, um keine Aufmerksamkeit zu erregen. Der Ire war erstaunt über die Qualität des Weinkellers des eher als asketisch geltenden Gähwiler.

Und so bekam Ermotti, der einst aus Altersgründen den CEO-Posten verlassen hatte, mit knapp 63 Jahren an einem sehr geselligen Abend das Comeback-Angebot zur Umsetzung der ersten Fusion zwischen zwei global systemrelevanten Banken. Er erbat sich zwei Tage Bedenkzeit.

Am Donnerstag sagte er zu: Für den eingefleischten Banker war es eine zu grosse Verlockung, diesen Deal, den er so lange geplant hatte, auch selbst umzusetzen. Er fühlte sich auch der Schweiz und dem Finanzplatz verpflichtet. Und er war sich sicher, dass dieser Zusammenschluss erfolgreich zu bewerkstelligen war. Über Geld redete er nicht, es galten die Konditionen, die ja auch Hamers von ihm übernommen hatte. Die Dauer war ein Thema: Ermotti nannte drei Jahre, Kelleher sah bis zu fünf. Doch entscheidend war das nicht, es war ohnehin ein Abenteuer mit offenem Ausgang. Ermotti war zurück.

Am Ende seiner ersten Amtszeit hatte es noch leichte Spannungen mit dem Verwaltungsrat gegeben. Ermotti wäre gern nach einem Cooling-off VR-Präsident geworden, doch das wollten ihm die Aufseher um den damaligen Präsidenten Weber nicht zusichern. Jetzt hatte er einen Präsidenten, der wie er im internationalen Kapitalmarktgeschäft gross geworden und ihm vom Typus her näher war als der Ex-Notenbanker Weber. Das erhöhte die Attraktivität.

Kelleher informierte den Verwaltungsrat, dass Ermotti zugesagt habe, wollte den Mitgliedern aber noch ein Wochenende zur

Geschichte geschrieben
Medienkonferenz vom 19.März 2023 mit Axel Lehmann, Colm Kelleher, Karin Keller-Sutter, Alain Berset, Thomas Jordan, Marlene Amstad; Sergio Ermotti.

Reflexion geben. Am Montag stellte er dann formal den Antrag für die Ernennung Ermottis zum neuen CEO. Der Verwaltungsrat stimmte zu.

Hamers erhielt am Dienstagvormittag die Nachricht und war geschockt. Er hatte sein UBS-Regnum auf einen deutlich längeren Zeitraum ausgelegt. Doch ganz überraschend konnte die Ablösung für ihn nicht kommen. Den Mitarbeitern war aufgefallen, dass er in den Tagen nach der Übernahmeverkündung seine Erfahrungen bei Firmenkäufen aus der ING-Zeit demonstrativ betont hatte. Wenn er diese Eigenwerbung brauchte, so der Eindruck, musste die Verunsicherung gross sein.

Am Ende agierte aber auch er hochprofessionell. Als die drei Männer am Mittwoch, zehn Tage nach dem Übernahme-Wochenende, das UBS-Konferenzzentrum im Grünenhof betraten, signalisierten sie Eintracht. Es war kein böses Wort zu vernehmen. Auch seine letzte Generalversammlung eine Woche später absolvierte der Niederländer fachmännisch und posierte mit Mitarbeitenden für Selfies. Die schätzen seine zugängliche Art, und er hatte zweifellos frische Impulse gebracht. Aber jetzt begann ein anderes Spiel. Kelleher schickte ihm noch einen 21 Jahre alten irischen Whiskey. Doch Freunde würden sie nicht mehr werden.

Karin Keller-Sutter war am Vortag der Verkündung des Ermotti-Comebacks zum ersten Mal in ihrer neuen Funktion an das Frühjahrstreffen des Internationalen Währungsfonds nach Washington geflogen. Da traf sie all die Kollegen physisch, mit denen sie bislang nur im Krisenmodus telefoniert hatte. Sie gratulierten ihr zu der Lösung und zu nicht weniger als der Rettung des Finanzsystems. Sie hatte ihre erste grosse Bewährungsprobe gemeistert.

Thomas Jordan liess im kleinen Kreis verlauten, dass die Lösung aus Sicht der Finanzstabilität gelungen sei: Das System habe gehalten, das Geld sei stets sicher gewesen. Nur die Staatsgarantien von neun Milliarden seien aus liberaler Sicht ein kleiner Schönheitsfehler.

Doch die Schweiz, politisch ein Kleinstaat, aber Weltmacht in der Vermögensverwaltung, hatte eine globale Bank weniger.

17. Goodbye

Am 12. Juni wurde der Handel mit den Aktien des Traditionsinstituts an der Schweizer Börse eingestellt. Nach 167 Jahren existierte die Credit Suisse nicht mehr als eigenständige Bank. Die Schätzungen für den Stellenabbau der insgesamt fast 120 000 Personen starken Belegschaft beider Banken gingen auf mehr als 30 000 hoch. Diese Menschen mussten für die Fehler ihrer Führung bitter bezahlen.

Und wie nach der Staatsrettung der UBS 15 Jahre zuvor ergoss sich eine Flut von Experteneinschätzungen, Reformvorschlägen und Schuldzuweisungen über das Land. Die Zahl der Rechtsklagen war sogar höher: Die Abschreibung der AT-1-Anleihen hatte Investoren in Tokio, Singapur und Katar genauso erzürnt wie etwa die heimische Migros, deren Pensionskasse 100 Millionen Franken verlor. Für den Finanzplatz war das keine gute Werbung. Aber für die Anwälte war die Zwangsheirat ein Geschenk - sie würde die Gerichte noch Jahre beschäftigen.

Natürlich mangelte es nicht an Kritik an der gewählten Lösung, und sie war in vielen Punkten berechtigt. Der Finma fehlte es an Fachkenntnis, Personal und Ressourcen, um einen globalen Finanzkonzern effektiv zu beaufsichtigen. Die Nationalbank war passiv und wollte primär ihren Einsatz tief halten. Und die Regierung verfügte nicht über genügend Expertise, Selbstbewusstsein und Instrumentarium, um die wildeste Bank der Finanzwelt zu zähmen. Silodenken allerorten. Das war der Preis, den die kleine Schweiz für ihre beiden globalen Bankriesen zahlte: Bei einem Crash in dieser Dimension war sie schlicht überfordert. Und dafür, dieses Fazit durfte man ziehen, hatte sie am Ende doch noch eine verträgliche Lösung gefunden.

Doch daraus drohte wieder eine spezielle Form des Selbstbewusstseins zu entstehen. Schon nach der letzten Staatsrettung 2008 wollte die Schweiz in einer Mischung aus Naivität und Selbstüberschätzung mit ihrer weltweit einmaligen «Too big to fail»-Kommission ein Problem lösen, für das in letzter Konsequenz noch niemand eine Lösung gefunden hatte. Bankpleiten hatte es in der Geschichte immer gegeben, denn es handelte sich um ein Strukturproblem: Keine Bank kann überleben, wenn alle Kunden gleichzeitig ihr Geld abziehen. Denn das Geschäftsmodell besteht nun einmal darin, Geld kurzfristig von ihren Kunden anzunehmen und es langfristig zu verleihen.

Die entscheidende Währung einer Bank war deshalb schon immer Vertrauen. Und im digitalen Zeitalter, das war die grosse Lehre aus dem CS-Untergang, noch viel mehr. Der Geldtransfer war nur einen Klick auf dem Mobiltelefon entfernt. Der CS-Untergang war somit auch eine Bankrotterklärung der mühsam erarbeiteten «Too big to fail»-Regulierung. Für keinen Verantwortlichen war es in der gesamten Rettungsphase jemals ein realistisches Szenario, die CS wirklich gemäss dem sauber definierten Plan in die Liquidation zu schicken. Beim ersten Stresstest zerschellte das Konstrukt an der Realität.

Auch jetzt, so viel durfte als sicher gelten, würden sich wieder Kommissionen zur neuerlichen Problemlösung bilden, erneut bestückt mit vielen Theoretikern wie bei der Gruppe von 2009. Und als sicher durfte ebenfalls gelten: Auch die Parlamentarische Untersuchungskommission, die im Juni ihre Arbeit aufnahm und sich ein ganzes Jahr für ihre Untersuchungen hinter verschlossenen Türen Zeit lassen wollte, würde neue Reformideen bringen. Dass die Bankenexpertise unter den 14 Parlamentariern sogar weniger ausgeprägt war als im CS-Verwaltungsrat, liess wenig Gutes erahnen.

Die ersten Vorschläge geisterten schnell herum: Zentralbank und Aufsicht zusammenlegen, wie bei der Fed, der Europäischen Zentralbank oder der Bank of England? Sicher erwägenswert, aber der Crash hätte sich dadurch kaum verhindern lassen. Und die Nationalbank, ohnehin schon die mächtigste Wirtschaftsinstitution im

Land, würde durch eine Übernahme der Finma noch stärker an Einfluss gewinnen. Die Führung unter einem Dach hatte zudem die Unfälle im Ausland nicht verhindern können. Denn bei aller berechtigten Kritik an den Schweizer Regulatoren: Auch die Pleite der Silicon Valley Bank war für die angeblich so hochkompetenten Aufseher der amerikanischen Fed ein Armutszeugnis.

Eine stärkere Berücksichtigung der Rückkopplungseffekte von Marktfaktoren wie Börsenkurs und CDS-Spreads bei der Regulierung? Hier war sicher die Finma viel zu praxisfern unterwegs gewesen. Aber die Schieflage der CS hätte sich dadurch ebenfalls kaum verhindern lassen. Die Ursachen des Versagens lagen eben viel weiter zurück: in der Aushöhlung des Risikomanagements, bei der die Finma selbst unter dem Bankprofi Branson nur zugeschaut hatte. Dass sie als eine schlanke Behörde mit limitiertem Auftrag agierte, war von der Politik so festgelegt worden.

Eine Erschwerung der Liquiditätsabflüsse? In der Praxis angesichts des Kampfs um die Kundengelder wenig realistisch. Und galt nicht auch für diese Krise wieder: Die Einschüsse kamen aus einer neuen Ecke? Das würde beim nächsten Mal kaum anders sein.

Dabei lieferte die Rekonstruktion des epischen CS-Missmanagements eine klare Erkenntnis, abseits aller theoretischen Konstrukte. Die Credit Suisse funktionierte, als Bankprofis wie Oswald Grübel oder - in seinen ersten Jahren - Brady Dougan sie leitete. Und sie würde wohl heute noch existieren, wenn rechtzeitig erfahrene Praktiker mit intaktem Wertesystem wie Sergio Ermotti, Colm Kelleher oder Andrea Orcel eingesetzt worden wären.

Und das bedeutet für die Regulierung: Die Aufseher müssten primär darauf achten, dass die Banken für ihre Chefs die richtige Mischung aus Fachexpertise, Charakter und Anreizsystemen aufweisen. Eine simple Grundvoraussetzung bei der von den Regulatoren abzusegnenden Chefnominierung könnte beispielsweise sein: Mindestens fünf Jahre Fronterfahrung im gefährlichsten Bereich der beaufsichtigten Bank. Und dazu ausschliesslich Boni, die einfach und transparent an den langfristigen Aktienerfolg der Bank gekoppelt sind. Und, ganz wichtig: die sich im Misserfolgsfall wirklich zurückfordern lassen.

Denn darin lag ein weiteres historisches Scheitern von einem Jahrzehnt Bankenregulierung: Die Verantwortlichen mussten für ihr Missmanagement nicht bezahlen. Rainer E. Gut, dessen verdeckte private Beteiligung an der First Boston am Anfang der verhängnisvollen US-Expansion stand, häufte ein Vermögen von mehr als 100 Millionen Franken an. Der Bonusritter Allen Wheat soll sogar mehr als 200 Millionen Franken aus der Bank getragen haben. Bei Lukas Mühlemann waren es geschätzt gegen 100 Millionen. Doch diese damals in der europäischen Bankenwelt einmaligen Bezahlorgien fanden noch vor der Finanzkrise und weitgehend verdeckt statt. Die Vorschriften waren damals noch deutlich schwächer.

Doch es wurde seitdem nicht besser. Urs Rohner bezog in seinen 17 Jahren mehr als 80 Millionen Franken, davon mehr als 50 Millionen in seiner Zeit im Verwaltungsrat ab 2009. Tidjane Thiam: mehr als 60 Millionen Franken in fünfeinhalb Jahren. Die Bank hatte zwar hochkomplexe «Clawback»-Mechanismen installiert, mit denen unberechtigte Zahlungen zurückgefordert werden sollten.

Doch angewendet wurden sie auf der Führungsetage nie. Die individuelle Verantwortung war dort juristisch praktisch nicht messbar. Die gefallenen UBS-Lenker hatten nach der Staatsrettung 2008 noch freiwillig Teile ihrer üppigen Bonuspakete zurückgezahlt: 22 Millionen Franken waren es bei Präsident Marcel Ospel, 12 Millionen bei CEO Peter Wuffli. Doch die Untergangskapitäne Rohner und Thiam? Nichts. Sie fühlten sich ja nicht verantwortlich für die Katastrophe, wie sie mehrfach betonten.

Eine Zahlenkombination demonstrierte die spezielle Kultur der CS so deutlich wie keine andere: Wie viel Gewinn hatte die Bank in den letzten 15 Jahren aggregiert erzielt? Nach all den Verlusten und Bussen blieben unter dem Strich gerade 800 Millionen Franken - weniger, als die UBS im ersten Quartal 2023 vermeldete. Und wie viel schüttete sie in dieser Zeit insgesamt an Boni aus? Mehr als 40 Milliarden Franken - das Fünfzigfache.

Die Credit Suisse war der grösste Selbstbedienungsladen der Bankenwelt. Ihr Ende ist eine Tragödie, gerade für so viele Mitarbeiter, die sich ihr mit Herzblut verschrieben hatten.

Aber schade ist es nicht um sie.

Dank

Mein erster Dank geht an all die Personen, die sich auf Hintergrundbasis zu einem Gespräch für dieses Buch zur Verfügung gestellt haben. Sie teilten mit mir die Einsicht, dass die geschichtliche Dimension des Untergangs der Traditionsbank Credit Suisse einer detaillierten Aufarbeitung bedürfe. Bedanken möchte ich mich auch bei all den Akteuren, die ich bei UBS und Credit Suisse über fast drei Jahrzehnte journalistisch begleiten durfte. Ihr Input über all die Jahre war sehr wertvoll für dieses Projekt. Meine erste «Bilanz»-Titelstory zur Credit Suisse erschien im August 1996 mit dem CS-Patriarchen Rainer E. Gut als Sonnenkönig und der Zeile «Le Credit Suisse, c'est moi».

Sehr herzlich bedanken möchte ich mich auch bei dem bewährten «Bilanz»-Team, das wie immer mit grossem Einsatz und viel Kompetenz dieses Projekt möglich gemacht hat: die Art Direction mit Wernie Baumeler und Christina Elvedi, Fotochefin Cara Anne Specker, Redaktionsassistentin Jda Hess, Produktionsleiter Patrick Imper sowie die Korrektoren Thomas Basler und Karin Veit Brändli. Die Artikel meines geschätzten Kollegen Erik Nolmans zur Credit Suisse waren sehr hilfreich. Ihr seid, wie alle anderen Teammitglieder auch, eine Klasse für sich.

Und ein ganz besonderes Dankeschön geht an meine Ehefrau, die mir in den frühmorgendlichen Schreibstunden den Rücken freigehalten hat. Du bist die Beste!

Personenverzeichnis

A
Ackermann, Josef, 24, 31
al-Assad, Baschar, 6
al-Khudairy, Ammar, 143, 144
Amstad, Marlene, 112, 113, 115, 116, 117, 130, 134, 136, 145, 152, 157, 159
Anderson, Jeremy, 153
Angehrn, Urban, 113, 115, 145, 150

B
Bailey, Andrew, 142
Barr, Michael, 150
Baumann, Markus, 145
Bechtler, Thomas, 35
Berset, Alain, 159
Bertarelli, Ernesto, 38
bin Hamad Al Thani, Jassim, 68
bin Salman, Mohammed, 104
Blatter, Sepp, 6
Blocher, Christoph, 37, 46
Böckstiegel, Claudia, 129
Bohli, Rudolf, 69
Bouée, Pierre-Olivier, 63, 82
Brabeck, Peter, 29, 56
Branson, Mark, 87, 112, 113, 163
Brecht, Bertolt, 33
Brönnimann, Simon, 113
Brown, George, 14

C
Cassis, Ignazio, 131
Cerutti, Romeo, 51, 103
Charles, Prinz, 76
Chin, Brian, 67, 88, 91
Clark, Christopher, 118
Colombas, Juan, 99

D
D'Amelio-Favez, Sabine, 115, 145
de Boissard, Gaël, 65
De Ferrari, Francesco, 107
Degen, Michel, 90
Diethelm, Markus, 121, 139, 154
Dimon, Jamie, 12, 50
Doerig, Hans-Ulrich, 46
Donlon, Colm, 123, 135
Dougan, Brady, 23, 35, 36, 40, 43, 44, 45, 46, 47, 48, 49, 50, 51, 52, 53, 56, 58, 59, 61, 62, 63, 65, 66, 77, 81, 85, 92, 103, 110, 138, 163
Dudley, William, 123

E
Ebner, Martin, 23
Enria, Andrea, 150
Ermotti, Sergio, 52, 53, 63, 69, 70, 73, 74, 76, 81, 86, 87, 100, 106, 107, 123, 129, 134, 136, 152, 153, 157, 158, 159, 160, 163
Ervin, Wilson, 49
Escher, Alfred, 13, 14, 16, 19, 64, 68

F
Fink, Larry, 19, 151, 152
Firmenich, Patrick, 128
Frey, Rainer-Marc, 107

G
Gähwiler, Lukas, 70, 129, 135, 145, 149, 153, 158
Gishen, Adam, 64
Goerke, Peter, 63, 83
Gottschling, Andreas, 91
Gottstein, Thomas, 60, 61, 67, 75, 77, 85, 86, 87, 88, 89, 90, 92, 96, 98, 99, 105, 106, 107
Greco, Mario, 152
Greensill, Lex, 76, 77, 78, 79, 80, 83, 89, 90
Grübel, Oswald, 17, 24, 26, 30, 33, 34, 35, 36, 37, 38, 39, 40, 41, 43, 44, 47, 49, 50, 52, 59, 61, 66, 97, 103, 106, 110, 126, 163
Gulliver, Stuart, 68
Gupta, Sanjeev, 77
Gut, Alexander, 56
Gut, Josephine, 15
Gut, Rainer E., 15, 16, 17, 18, 19, 20, 21, 22, 23, 24, 25, 26, 29, 30, 31, 33, 34, 40, 56, 103, 164

H
Hamers, Ralph, 123, 124, 129, 145, 148, 152, 154, 155, 157, 158, 159

Herro, David, 68, 88
Hildebrand, Philipp, 114, 117, 152
Hirschi, Thomas, 113, 144, 145
Hollande, François, 64
Horta-Osório, António, 89, 95, 96, 97, 98, 99, 100, 101, 103, 105
Houphouët-Boigny, Félix, 7
Hu, Fred, 123
Hunt, Jeremy, 149
Hwang, Bill, 80

I
Ivanishvili, Bidzina, 52

J
Jenisch, Jan, 107
Jordan, Thomas, 87, 112, 113, 114, 115, 116, 117, 118, 119, 125, 126, 127, 128, 130, 134, 135, 136, 137, 142, 143, 145, 148, 149, 152, 153, 155, 157, 159, 160
Joshi, Dixit, 150

K
Kelleher, Colm, 35, 36, 71, 122, 123, 124, 128, 129, 134, 135, 139, 144, 145, 149, 152, 153, 154, 155, 157, 158, 159, 163
Keller-Sutter, Karin, 126, 130, 133, 134, 135, 136, 138, 143, 144, 145, 147, 148, 152, 153, 155, 156, 157, 159, 160
Khan, Iqbal, 61, 67, 75, 77, 81, 82, 83, 88
Kielholz, Walter, 29, 31, 36, 37, 39, 40, 45, 46, 47, 56
Klein, Michael, 103, 104, 105, 106, 107, 110, 111, 125
Körner, Ulrich, 40, 70, 88, 90, 106, 107, 108, 109, 110, 111, 121, 139, 141, 143, 147, 148, 154

L
Lagarde, Christine, 142
Lakhani, Kinner, 105

Le Maire, Bruno, 149
Lehmann, Axel, 70, 96, 99, 100, 102, 103, 104, 105, 106, 107, 110, 111, 117, 119, 121, 124, 126, 127, 128, 129, 134, 135, 136, 137, 139, 141, 143, 144, 147, 148, 151, 152, 153, 154, 155, 157, 159
Lescaudron, Patrice, 52, 78
Levi, Barbara, 145, 146
Lindner, Christian, 149

M
Mack, John, 33, 34, 35, 36, 38, 39
Maechler, Andréa, 115
Masters, Blythe, 104, 111
Mathers, David, 52, 61, 62, 73, 102, 141
Maurer, Ueli, 68, 86, 87, 112, 114, 115, 116, 117, 118, 119, 125, 126, 127, 128, 130, 131, 133, 135, 136
Meissner, Christian, 107
Meister, Hans-Ulrich, 58, 60
Merkel, Angela, 6, 64
Milken, Michael, 22
Morgan, John Pierpont, 12
Mühlemann, Lukas, 24, 26, 29, 30, 31, 36, 44, 164

N
Naratil, Tom, 70
Noser, Ruedi, 64

O
O'Hara, Tim, 66, 67
Obama, Barack, 50
Oechslin, Joachim, 62, 75, 78, 88, 91, 96
Olayan, Suliman, 18
Orcel, Andrea, 70, 81, 106, 107, 163
Ospel, Marcel, 164

P
Parmelin, Guy, 125
Perella, Joseph, 17, 18
Powell, Jerome, 142, 144
Purcell, Phil, 33, 36
Putin, Wladimir, 6

Q
Quattrone, Frank, 28

R
Richardson, Julie, 123
Rohner, Urs, 40, 41, 46, 48, 51, 52, 53, 55, 56, 57, 58, 63, 66, 68, 74, 76, 79, 81, 82, 83, 84, 86, 87, 88, 90, 91, 92, 93, 96, 97, 98, 103, 138, 157, 164
Romerio, Flavio, 82
Roth, Jean-Pierre, 114
Rudloff, Hans-Jörg, 17, 24, 26

S
Schlegel, Martin, 114, 115, 125, 143, 145
Schmidheiny, Thomas, 35
Schneider-Ammann, Johann, 133
Schwan, Severin, 57, 84, 86, 89, 99
Senn, Nikolaus, 23, 85
Shafir, Robert, 52
Sitohang, Helman, 61, 67, 76, 77
Sommaruga, Simonetta, 125
Spoerry, Vreni, 29
Steinberger, Emil, 16
Stoffel, Daniela, 115, 134, 143, 145
Stone, Oliver, 22

T
Tanner, Ernst, 29
Taylor, David, 111, 112, 118, 143
Thiam, Tidjane, 6, 7, 8, 9, 55, 56, 57, 58, 59, 60, 61, 62, 63, 64, 65, 66, 67, 68, 73, 74, 75, 76, 78, 79, 80, 81, 82, 83, 84, 86, 87, 88, 89, 91, 92, 97, 101, 103, 157, 164
Thrun, Sebastian, 57
Trump, Donald, 6

W
Warner, Lara, 61, 75, 76, 78, 79, 80, 88, 90, 91, 92
Wasserstein, Bruce, 17, 18
Watter, Rolf, 135, 146

Weber, Axel, 63, 74, 87, 122, 123, 127, 158
Wellauer, Thomas, 24, 30
Wemmer, Dieter, 123
Werlen, Thomas, 88, 92, 93, 156
Wheat, Allen, 21, 22, 23, 25, 26, 28, 29, 30, 31, 33, 34, 43, 44, 61, 65, 104, 164
Wheeler, Christopher, 59
Widmer-Schlumpf, Eveline, 6
Wietlisbach, Urs, 24
Wildermuth, David, 96, 101
Witter Dean, 33
Woods, Sam, 150
Wuffli, Peter, 74, 164

Y
Yellen, Janet, 148
Youngwood, Sarah, 157

Bildverzeichnis

9: Tidjane Thiam, Walter Bieri / KEYSTONE
19: Alfred Escher Statue, Olaf Krüger / KEYSTONE
19: Rainer E. Gut, Niklaus Strauss / KEYSTONE
30: Allen Wheat, Andrew Serban / Bloomberg
30: Lukas Mühlemann, Edi Engeler / KEYSTONE
40: Oswald Grübel, STR / KEYSTONE
40: Walter Kielholz, Hugo Philpott / AFP / KEYSTONE
53: Brady Dougan, Andreas Meier / EQ Images / KEYSTONE
53: Urs Rohner, Steffen Schmidt / KEYSTONE
62: David Mathers, Dominic Steinmann / KEYSTONE
83: Lex Greensill, Ian Tuttle / Shutterstock / DUKAS
83: Iqbal Khan, Credit Suisse
92: Thomas Gottstein, Ennio Leanza / KEYSTONE
92: Lara Warner, Mike Blake / REUTERS
100: Antonio Horta-Osorio, Chris Ratcliffe / Bloomberg Finance LP
100: Axel Lehmann, Paolo Dutto / BILANZ
106: Michael Klein, Bloomberg
106: Ulrich Körner, Joseph Khakshouri / BILANZ
118: David Taylor, Twitter / Bildschirmaufnahme
118: Ueli Maurer, Schweizerische Bundeskanzlei
130: Thomas Jordan, Paolo Dutto / BILANZ
130: Marlene Amstad, Peter Klaunzer / KEYSTONE
138: Karin Keller-Sutter, Peter Klaunzer / KEYSTONE
149: Colm Kelleher, Michael Buholzer / KEYSTONE
149: Lukas Gähwiler, Stefan Bohrer / KEYSTONE
159: Medienkonferenz, Peter Klaunzer / KEYSTONE
159: Sergio Ermotti, Michael Buholzer / KEYSTONE